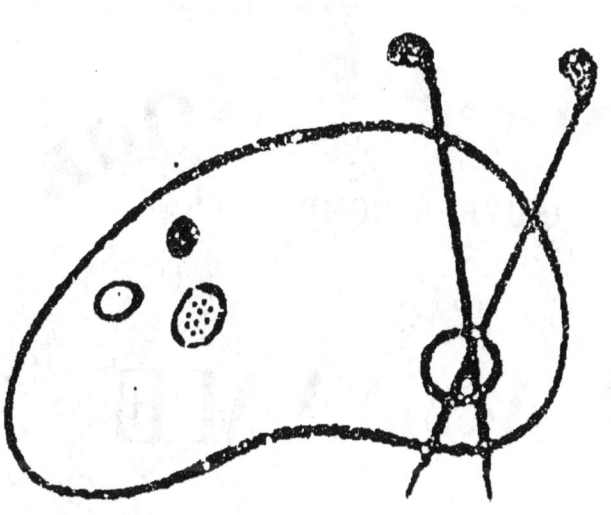

Couvertures supérieure et inférieure
en couleur

Collection Jules Rouff
1 fr. 50 le volume

PAUL DE KOCK

ŒUVRES COMPLÈTES

LA DAME

AUX

TROIS CORSETS

NOUVELLE ÉDITION

PARIS
JULES ROUFF ET Cie, ÉDITEURS
14, CLOÎTRE SAINT-HONORÉ, 14

Jules ROUFF et Cie, Éditeurs
PARIS, 14, Cloître Saint-Honoré, 14, PARIS

PAUL DE KOCK

OEUVRES COMPLÈTES

A 1 franc 50 centimes le volume.

Monsieur Dupont	1 v.
Mon voisin Raymond	1 v.
La Femme, le Mari et l'Amant	1 v.
L'Enfant de ma Femme	1 v.
Nouvelles et Théâtre	1 v.
Georgette	1 v.
Le Barbier de Paris	1 v.
Madeleine	1 v.
Le Cocu	1 v.
Un bon Enfant	1 v.
Un Mari perdu	1 v.
Gustave le mauvais sujet	1 v.
André le Savoyard	1 v.
La Pucelle de Belleville	1 v.
Un Tourlourou	1 v.
La Maison blanche	1 v.
Frère Jacques	1 v.
Zizine	1 v.
Ni jamais, ni toujours	1 v.
Un Jeune homme charmant	1 v.
Sœur Anne	1 v.
Jean	1 v.
Une Fête aux env. de Paris	1 v.
Contes et chansons	1 v.
La Laitière de Montfermeil	1 v.
L'Homme de la nature	1 v.
Moustache	1 v.
L'Amoureux transi	1 v.
Mon ami Piffard	1 v.
L'Ane à M. Martin	1 v.
La Baronne Blaguiskoff	1 v.
La Bouquetière du Chât.-d'Eau	2 v.
Carotin	2 v.
Corisette	2 v.
Les Compagnons de la Truffe	2 v.
Le Concierge de la rue du Bac	2 v.
L'Amant de la Lune	2 v.
La Dame aux trois corsets	2 v.
La Demoiselle du cinquième	2 v.
Les Demoiselles de magasin	2 v.
Une drôle de Maison	2 v.
Les Étuvistes	2 v.
La Famille Braillard	2 v.
La Famille Gogo	2 v.
Les Femmes, le Jeu et le Vin	1 v.
Une femme à trois visages	2 v.
La Fille aux trois jupons	1 v.
Friquette	1 v.
Une Gaillarde	2 v.
La Grande Ville	1 v.
Les Enfants du boulevard :	
— Les Nouveaux Troubadours	1 v.
— Un Petit-Fils de Cartouche	1 v.
Une Grappe de groseille	1 v.
L'Homme aux trois culottes	1 v.
Monsieur de Volenville	
— Berlingot et Cie	1 v.
Un Jeune Homme mystérieux	1 v.
La Jolie Fille du Faubourg	1 v.
Madame de Monflanquin	2 v.
Madame Pantalon	1 v.
Madame Tapin	1 v.
Un Mari dont on se moque	1 v.
La Mariée de Fontenay-aux-Roses	1 v.
Ce Monsieur	1 v.
M. Chérami	1 v.
M. Choublanc	1 v.
Papa Beau-Père	1 v.
Le Petit Bonhomme du coin	1 v.
La Petite Lise	1 v.
Les Petits Ruisseaux	1 v.
La Prairie aux coquelicots	2 v.
Le Professeur Fiche-Claque	1 v.
Sans Cravate	2 v.
Le Sentier aux prunes	1 v.
Taquinet le Bossu	1 v.
L'Amour qui passe et l'Amour qui vient	1 v.
La Mare d'Auteuil :	
— Madame Saint-Lambert	1 v.
— Benjamin Godichon	1 v.
Paul et son Chien	1 v.
Les Époux Chamoureau	1 v.
Le Petit Isidore	1 v.
Le Petit Isidore. — Alexis et Georgina	1 v.
Flon, Flon, Flon, Lariradondaine	1 v.
Un Monsieur très tourmenté	1 v.

LA DAME
AUX
TROIS CORSETS

Jules ROUFF et Cie, Éditeurs
PARIS, 14, Cloître Saint-Honoré, 14, PARIS

PAUL DE KOCK

OEUVRES COMPLÈTES

A 1 franc 50 centimes le volume.

Monsieur Dupont	1 v.	Une femme à trois visages	2 v.
Mon voisin Raymond	1 v.	La Fille aux trois jupons	1 v.
La Femme, le Mari et l'Amant	1 v.	Friquette	1 v.
L'Enfant de ma Femme	1 v.	Une Gaillarde	2 v.
Nouvelles et Théâtre		La Grande Ville	1 v.
Georgette	1 v.	*Les Enfants du boulevard :*	
Le Barbier de Paris	1 v.	— Les Nouveaux Troubadours	1 v.
Madeleine	1 v.	— Un Petit-Fils de Cartouche	1 v.
Le Cocu	1 v.	Une Grappe de groseille	1 v.
Un bon Enfant	1 v.	L'Homme aux trois culottes	1 v.
Un Mari perdu	1 v.	Monsieur de Volenville	
Gustave le mauvais sujet	1 v.	— Berlingot et Cie	1 v.
André le Savoyard	1 v.	Un Jeune Homme mystérieux	1 v.
La Pucelle de Belleville	1 v.	La Jolie Fille du Faubourg	1 v.
Un Tourlourou	1 v.	Madame de Monflanquin	2 v.
La Maison blanche	1 v.	Madame Pantalon	1 v.
Frère Jacques	1 v.	Madame Tapin	1 v.
Zizine	1 v.	Un Mari dont on se moque	1 v.
Ni jamais, ni toujours	1 v.	La Mariée de Fontenay-aux-Roses	1 v.
Un Jeune homme charmant	1 v.	Ce Monsieur	1 v.
Sœur Anne	1 v.	M. Chérami	1 v.
Jean	1 v.	M. Choublanc	1 v.
Une Fête aux env. de Paris	1 v.	Papa Beau-Père	1 v.
Contes et chansons		Le Petit Bonhomme du coin	1 v.
La Laitière de Montfermeil	1 v.	La Petite Lise	1 v.
L'Homme de la nature	1 v.	Les Petits Ruisseaux	1 v.
Moustache	1 v.	La Prairie aux coquelicots	2 v.
L'Amoureux transi	1 v.	Le Professeur Fiche-Claque	1 v.
Mon ami Piffard	1 v.	Sans Cravate	2 v.
L'Ane à M. Martin	1 v.	Le Sentier aux prunes	1 v.
La Baronne Blaguiskoff	1 v.	Taquinet le Bossu	1 v.
La Bouquetière du Chât. d'Eau	2 v.	L'Amour qui passe et l'Amour qui vient	1 v.
Carotin	1 v.	*La Mare d'Auteuil :*	
Coricette	2 v.	— Madame Saint-Lambert	1 v.
Les Compagnons de la Truffe	2 v.	— Benjamin Godichon	1 v.
Le Concierge de la rue du Bac	1 v.	Paul et son Chien	1 v.
L'Amant de la Lune	3 v.	Les Époux Chamoureau	1
La Dame aux trois corsets	1 v.	Le Petit Isidore	1
La Demoiselle du cinquième	2 v.	Le Petit Isidore. — Alexis et Georgina	
Les Demoiselles de magasin	2 v.		
Une drôle de Maison	1 v.	Flon, Flon, Flon, Lariradondaine	
Les Étuvistes	2 v.		
La Famille Braillard	2 v.	Un Monsieur très tourmenté	
La Famille Gogo	2 v.		
Les Femmes, le Jeu et le Vin	1 v.		

Paris. — Imp. Vve P. LAROUSSE et Cie, rue Montparnasse, 19.

ŒUVRES COMPLÈTES
DE
PAUL DE KOCK

LA DAME AUX TROIS CORSETS

PARIS
JULES ROUFF ET Cie, ÉDITEURS
14, CLOITRE SAINT-HONORÉ, 14

LA DAME
AUX
TROIS CORSETS

I

LE VILLAGE DE SAINT-JEAN-AUX-BOIS.

Connaissez-vous le petit village de Saint-Jean-aux-Bois, situé à deux lieues environ de Compiègne? Ce n'est guère probable, car ce n'est point un lieu de passage; il n'est renommé par aucun de ses produits, il ne possède pas quelques ruines célèbres, et je ne crois pas qu'il ait donné le jour à aucun de ces hommes dont le nom est immortel; enfin, n'importe! je vais faire comme si vous ne le connaissiez pas.

Mais, soyez tranquille, ma description sera courte, vous avez pu vous apercevoir d'ailleurs que je n'aime point les longues descriptions; je les trouve fatigantes, à moins qu'elles ne soient comiques; mais c'est si rare, une description comique! Citez-m'en donc beaucoup?

Nous disons donc que le tout petit village de Saint-Jean-aux-Bois est situé comme un nid d'oiseau au milieu de bois qui l'entourent presque comme l'était le château de la *Belle au bois dormant,* château que je n'ai jamais vu, j'en conviens, ni vous non plus, j'en suis bien sûr; mais cela ne m'empêche pas d'y croire, parce que d'une fiction charmante il est doux de faire une vérité, et quoi de plus charmant que les Contes de Perrault!

Ah! pardon, je ne suis plus à Saint-Jean-aux-Bois; revenons-y. C'est donc un joli village; il y a beaucoup plus de maisons de paysans que d'habitations bourgeoises; mais les demeures des villageois sont gentilles, propres, bien entretenues; là, rien n'annonce la misère, qui jette de la tristesse sur le plus joli paysage. On prétend que Saint-Jean-aux-Bois servait de repos de chasse aux rois de la première race; il y avait là un grand château nommé le château de *Cuise,* mais que les rois occupaient rarement; puis la reine Adélaïde, mère de Louis VII, fit de ce château un monastère de religieuses. Mais, aujourd'hui, du château, du monastère, on ne retrouve pas même les ruines; le temps, cet impitoyable démolisseur, a fait rafle sur tout cela, et de vieux arbres ont remplacé de vieilles murailles.. *sic transit gloria mundi!*

Voilà ma description finie ; je ne pense pas qu'elle vous ait paru trop longue.

Dans ce petit village habitaient la mère Moutin et sa nièce. La mère Moutin était très-âgée et un peu sourde ; elle n'avait pour tout bien que la petite maisonnette qu'elle habitait, et ce n'était pas une des plus belles de l'endroit. Cette maisonnette n'avait qu'un rez-de-chaussée et des greniers au-dessus ; mais le rez-de-chaussée contenait trois pièces assez grandes, et, de plus, une étable, dans laquelle était une vache dont on avait le plus grand soin, car elle nourrissait presque à elle seule ses deux maîtresses.

Cependant, il y avait encore derrière la chaumière un petit jardin où croissaient quelques arbres fruitiers, de la vigne et des légumes ; quant aux fleurs, la mère Moutin n'en voulait pas entendre parler, parce qu'elle prétendait que cela ne rapportait rien ! mais sa nièce n'était pas du même avis.

Je ne vous ai pas encore parlé de cette nièce, et cependant je vous assure que, sans elle, je ne vous aurais jamais dit un mot de sa tante. Nous allons faire connaissance avec cette nièce, et j'aime à croire que vous n'en serez pas fâché.

Elle se nomme Violette, elle a près de dix-huit ans, c'est une brune ; ses cheveux ont ce reflet bleu que l'on ne trouve que sur un noir bien pur, bien brillant ; ses yeux sont moins foncés, ils se rapprochent davantage du bleu ; ils sont grands, sans être trop ouverts, et de très-longs cils les ombragent ;

mais leur expression est gracieuse, aimable ; parfois ils sont tendres et rêveurs, d'autres fois ils sont gais et moqueurs, ce qui vous prouve qu'ils n'expriment pas toujours la même chose... Je crois que M. de la Palisse n'aurait pas mieux dit.

Mademoiselle Violette a ensuite une bouche agréable, de belles dents, un petit menton bien rond, avec sa petite fossette au milieu ; et, enfin, un nez pas trop fort et légèrement retroussé ; or, vous savez tout aussi bien que moi qu'un nez retroussé donne toujours à une femme un certain air mutin, hardi... Je n'ose pas dire polisson... et, cependant, ce serait le mot le plus juste, mais je ne le dirai pas.

Vous voyez que mademoiselle Violette possède déjà une très-jolie figure ; ajoutez à cela une taille convenable, ni trop grande, ni trop petite, bien prise, bien tournée, bien campée sur ses hanches, une jambe faite pour être suivie, un tout petit pied, un mollet bien placé, bien fourni, puis une main digne du pied, et un bras digne de la main, et, ma foi ! si vous n'êtes pas content, c'est que vous serez bien difficile.

Ah ! pardon ! il y a cependant quelque chose qui manque à cette jeune fille, ce qui prouve encore que rien n'est parfait en ce monde. Ce qui lui manque... c'est... ce sont... je ne sais trop comment vous dire... c'est ce qui fournit aux bonnes mères de quoi nourrir leur nouveau-né... Vous comprenez ? Violette n'en a pas, ou si peu que ce n'est pas la peine d'en parler.

Mais, après tout, ce n'est point indispensable, on peut s'en passer, et souvent même l'extrême abondance de ces appas est plus désavantageuse qu'attrayante.

Et, me direz-vous, avec tant d'attraits, tant de charmes, habiter un pauvre petit village et passer son temps à faire des fromages, qu'on lui achète et qu'on porte à Compiègne, où ils ont un grand débit parce qu'ils sont délicieux, est-ce donc la peine d'être si jolie, si bien tournée, pour mener une existence ignorée, pour vivre dans un trou ?

Et, pourquoi pas, si, dans ce trou, on se trouve heureuse ? La fleur qui porte le même nom que notre jeune fille est presque toujours cachée sous l'herbe ; elle vit humble et modeste, et ne s'en trouve pas plus mal, car elle reste plus longtemps fraîche dans l'herbe que lorsque vous en faites un bouquet pour orner le sein d'une belle dame !

Violette, qui avait perdu fort jeune son père et sa mère, était donc restée avec sa tante, la mère Moutin, très-bonne femme, mais qui ne voyait pas plus loin que le bout de son nez ; il eût donc été bien facile à la jolie nièce d'avoir des amoureux et de se mal conduire, si telle avait été sa fantaisie ; heureusement, malgré ses yeux si noirs et son nez retroussé, la jeune fille ne songeait point à l'amour ; son cœur était fort paisible, il ne battait vivement qu'à l'aspect d'une belle robe, d'un joli bonnet porté par une dame de Compiègne. Alors Violette soupirait en murmurant :

« Ah! qu'on doit être heureuse de pouvoir porter de ces belles choses-là ! »

La charmante fille était donc coquette, et vaniteuse, et ambitieuse peut-être ?... C'est ce que, probablement, la suite nous apprendra. Comme elle avait de l'amour-propre, ce qui souvent est plutôt une qualité qu'un défaut, Violette n'avait pas voulu rester ignorante, elle avait voulu aller à l'école du village ; en peu de temps elle avait su lire et écrire, beaucoup mieux que toutes ses compagnes. Puis, elle s'était elle-même appris à broder, à festonner, et, dès qu'elle avait fini ses petits fromages, elle s'empressait de reprendre son fil et son aiguille pour se faire quelque jolie broderie dont elle ornait son bonnet ou sa collerette. Ce n'était pas tant pour plaire aux jeunes gens de l'endroit que pour l'emporter sur les autres villageoises par son goût et son élégance... décidément, elle avait de la vanité.

Partout où il y a de jolies filles, il y a des jeunes gens pour leur faire la cour ; quelquefois même, les vieux s'en mêlent aussi. Vous trouverez sans doute que ceux-ci sont ridicules ; moi, je trouve qu'il faut aimer les femmes le plus longtemps possible ; moquez-vous du ridicule s'il vous rend heureux ; ne demandez jamais avis à vos amis et connaissances pour faire ce qui vous est agréable, et rappelez-vous sans cesse la fable de La Fontaine, intitulée : *le Meunier, son Fils et l'Ane.*

Les jeunes gens du village faisaient donc la cour

à Violette, et vous savez comment les paysans font la cour aux filles ; c'est en les poussant, en les bousculant, en les faisant tourner, pirouetter, de façon à leur faire perdre la respiration, ou en les chatouillant jusqu'à les faire crier. Ces manières, qui sont bien accueillies par de grosses et lourdes villageoises, ne pouvaient être du goût de Violette, qui avait une certaine éducation et assez d'esprit pour préférer une jolie phrase à de grossiers jeux de main.

Un seul garçon était parvenu à se faire écouter par Violette, c'était François Giroflé ; il est vrai que Giroflé n'était pas non plus un lourdaud, un rustre ; il était de Compiègne, où son frère aîné exerçait la profession d'instituteur ; il avait donc aussi reçu quelque éducation, ce qui ne l'avait pas empêché d'embrasser la profession de jardinier. C'était un assez beau garçon, âgé alors de vingt-deux ans ; c'était un gaillard bien bâti, bien tourné, sans être beau comme Antinoüs, que l'empereur Adrien fit mettre au nombre des dieux à cause de sa beauté (ce qui prouve que ce monarque attachait beaucoup de prix au physique) ; Giroflé avait une figure agréable, ses yeux étaient surtout empreints d'une douceur que son caractère ne démentait pas, et lorsqu'il parlait à Violette, sa voix avait autant de douceur que ses yeux.

Ayant été, un jour, chargé d'aller acheter, à Saint-Jean-aux-Bois, de petits fromages chez la mère Moutin, il y avait vu Violette, et aussitôt son cœur avait été pris, non pas comme ceux de nos jeunes gens de Paris, dont le cœur s'enflamme pour tous les jolis minois qu'ils aperçoivent. Giroflé, qui n'avait pas encore connu l'amour, s'était tout à coup senti subjugué, fasciné par le charmant minois, les manières gracieuses de la petite villageoise; il était retourné plusieurs fois acheter des fromages dont il n'avait pas besoin, mais qu'il mangeait matin et soir; puis, un jour, en revenant à Compiègne, il avait été trouver son frère Benoît, l'instituteur, pour lui dire :

— Je vais quitter Compiègne, et aller demeurer à Saint-Jean-aux-Bois.

— Pourquoi faire? s'était écrié le frère en ouvrant, non pas de grands yeux, parce qu'il les avait fort petits, mais une bouche énorme.

— Pour être auprès de mam'zelle Violette, la nièce de la mère Moutin, chez qui j'ai été chercher de petits fromages.

— Et pourquoi veux-tu être auprès de cette jeune fille? Est-ce que tu as envie d'apprendre à faire des fromages?

— Non, ce n'est pas cela!... mais mam'zelle Violette m'a tourné la tête, j'en suis amoureux... Je sens bien que je ne puis plus vivre sans elle...

— Ah! c'est donc cela que maintenant je te vois continuellement manger des petits fromages de Saint-Jean-aux-Bois!... Tu ne vis plus que de cela, tu deviendras malade ; un garçon de ton âge ne doit pas se mettre au régime du fromage à la crème, même quand il est bon ; c'est trop rafraîchissant.

— Mon frère, quand je serai dans le même village que Violette, je mangerai autre chose, car je pourrai la voir chaque jour, et cela me rendra l'appétit.

— Mon ami, si tu aimes tant cette jeune fille, et si elle est honnête, épouse-la, fais-la venir à Compiègne, et tu y continueras ton état de jardinier.

— Ah ! mon frère, j'ai déjà proposé tout cela à Violette, mais elle m'a refusé !

— Alors, c'est qu'elle ne t'aime pas ; et si elle ne veut pas de toi, il me semble que ce n'est pas la peine que tu ailles t'établir dans son village.

— Elle ne m'a pas dit positivement qu'elle ne m'aimait pas ; elle ne veut pas quitter sa vieille tante.

— Ceci est bien ; mais tu prendrais la tante avec la nièce.

— Elle ne veut point abandonner sa vache, qui a de si bon lait...

— Tu emmènerais la vache avec la tante ; vous auriez toujours de bon lait ; ta femme pourrait continuer à faire des fromages...

— Enfin... Violette trouve que l'état de jardinier ne mène à rien, qu'il n'enrichit pas... qu'on mène une existence trop... trop bornée... voilà son mot !

— Ah ! la jeune fille a de l'ambition ? Il fallait donc dire cela tout de suite !... Mon pauvre François, cette jeune fille ne t'épousera jamais, ce qui est peut-être heureux pour toi; car une femme ambitieuse, ce n'est pas ton fait! Crois-moi, laisse-là ta demoiselle Violette et ses fromages! Mets-toi à un autre régime, tu t'en porteras mieux, et surtout ne fais pas la folie d'aller t'enterrer dans un petit village, où tu ne trouverais pas à t'occuper.

— Au fait, mon frère, tu pourrais bien avoir raison !

Et, deux jours après, François Giroflé était installé à Saint-Jean-aux-Bois.

II

LE PISTON.

Les conseils de la sagesse ne sont jamais écoutés par les amoureux ; ceci est une pensée vieille comme le monde : je n'ai jamais eu l'idée de vous la donner comme neuve. Giroflé avait donc méprisé les conseils de son frère Benoît, qui cependant était son aîné, et, comme tel, aurait dû peut-être exercer sur lui une certaine influence ; mais il n'en était pas ainsi, bien au contraire !

Benoît Giroflé, — assez mal partagé du côté du physique, et que l'empereur Adrien n'aurait certes pas fait mettre au rang des dieux, parce qu'il était mal bâti, cagneux, que ses yeux étaient tout petits, son nez fort gros, sa bouche énorme, et que ses cheveux un peu roux avaient une extrême ressemblanche avec du coton, — était, du reste, un excellent garçon, obligeant, serviable, et adorant son frère, dont il se croyait obligé d'être le protecteur, parce qu'il avait dix ans de plus que lui ; mais ce protecteur-là n'avait jamais su se faire obéir, et c'était lui qui faisait toutes les volontés de celui qu'il croyait ainsi protéger. Assez instruit pour un instituteur de campagne, il n'avait pas osé faire étudier son frère, parce que celui-ci lui avait dit que travailler à la terre était bien plus utile que d'apprendre le latin et l'histoire ; il avait même trouvé que son frère avait raison, et s'était dit :

« Au fait, les patriarches étaient jadis laboureurs, et si les hommes n'avaient jamais fait autre chose que cultiver leurs champs, il est bien probable que Sodome n'aurait pas été brûlée ainsi que Gomorrhe par le feu du ciel. »

Toutes les fois que le jeune Giroflé faisait quelque chose contre l'avis de son frère, celui-ci s'empressait de chercher des raisons pour se prouver que c'était lui qui avait tort et que son frère avait eu raison de ne point l'écouter.

Aussi, en quittant Compiègne pour aller habiter Saint-Jean-aux-Bois, Giroflé était-il bien certain que son frère aîné ne lui garderait pas rancune de l'avoir quitté ; et, en effet, il n'y avait pas trois jours que notre amoureux était installé dans sa nouvelle demeure, lorsqu'il y vit arriver son frère, portant un paquet au bout d'un bâton, c'était tout son bagage.

— Comment, te voilà ! s'était écrié le jeune frère en apercevant son aîné... Et que viens-tu faire dans ce village ?

— Belle demande ! puisque tu y es, ne fallait-il pas que j'y vinsse aussi ?... Est-ce que tu as cru que je te laisserais demeurer... vivre tout seul... sans personne pour te soigner... pour veiller sur toi ?... Ce serait joli !

— Mon pauvre Benoît !... Mais ta classe ?

— Je l'ai quittée !

— Tes élèves ?

— Ils trouveront d'autres instituteurs.

— Mais que feras-tu, toi ?

— J'apprendrai à lire aux enfants de ce village.

— Tu ne gagneras pas assez !...

— Eh bien ! alors, je ferai tout ce qui se présentera, des petits fromages même, si cela est nécessaire.

Giroflé avait sauté au cou de son frère, en s'écriant :

— Ah ! Benoît, tu es trop bon pour moi !... Tu excuses toutes mes sottises...

— Pas du tout, par exemple ! Mais ce village est très-pittoresque... c'est plus gai que Compiègne... toujours des maisons bien alignées, c'est monotone... Ici, les maisonnettes sont tantôt grandes, tantôt petites, ça change, c'est plus agréable.

— Mais tu vas t'ennuyer dans ce petit village ?

— Tu sais bien que je ne m'ennuie jamais avec toi.

— Mais... je dois te prévenir, mon frère, que je

serai plus souvent près de Violette qu'avec toi, que je passerai chez elle tous les moments que j'aurai de libres.

— Eh bien ! n'ai-je pas mes livres, mes auteurs favoris : Molière, La Fontaine, Labruyère, Voltaire ? Si je m'ennuyais dans cette société-là, il faudrait que je fusse bien difficile !...

— Cependant... si tu ne gagnais pas assez ici ?... Il faut vivre... et je ne veux pas, moi, que tu te mettes au régime des fromages !

— Ah ! voyez-vous cet égoïste qui veut tout garder pour lui ! Mais, sois tranquille... As-tu donc oublié que nous avons trois cents francs de rente que nous a laissés notre pauvre oncle, le frère de notre mère ?

— C'est-à-dire que c'est à toi qu'il a laissé cette petite fortune, et pas à moi qu'il n'aimait guère !

— A moi, à toi, n'est-ce pas la même chose ? Ce serait beau que j'eusse un revenu quand tu n'aurais rien !...

— Mais, je suis plus jeune, plus fort que toi, je dois travailler davantage, et il est bien convenu que jamais tu n'aliéneras tes rentes...

— Dis donc nos rentes ! Oui, oui, c'est convenu... Mais, toi, que feras-tu ici ?

— J'ai déjà trouvé des jardins à entretenir, à soigner, chez des bourgeois qui ont de jolies maisons dans les environs... Oh ! je ne manquerai jamais d'ouvrage ! Et puis, à la rigueur, j'irai aider Violette à faire ses fromages...

Les deux frères s'étaient donc installés à Saint-Jean-aux-Bois : Giroflé arrangeait les jardins, mais il gagnait peu, parce qu'au lieu d'aller exactement faire son ouvrage, il passait quelquefois des matinées entières auprès de Violette, qui n'encourageait pas son amour, mais qui, comme toutes les femmes, filles, veuves ou douairières, n'était pas fâchée qu'on lui fît la cour.

De son côté, l'instituteur Benoît apprenait à lire et à écrire à tous les enfants qu'on voulait bien lui envoyer, soit qu'on le payât ou qu'on ne le payât pas ; il se donnait autant de peine pour instruire l'enfant qui apprenait gratis que pour celui pour lequel il recevait une légère rétribution. Tout cela ne donnait pas assez pour vivre convenablement ; et le frère Benoît, qui avait blâmé son cadet de se mettre au régime des fromages à la crème, ne dînait les trois quarts du temps qu'avec du pain bien rassis et quelques pommes de terre cuites sous la cendre ; mais il ne se trouvait pas malheureux, car son frère paraissait content.

Un jour, cependant, Giroflé était accouru dire à Benoît :

— Mon frère, elle aime la musique, elle vient de m'en faire l'aveu. Depuis dimanche, qu'il est venu dans ce village des musiciens ambulants qui nous ont fait danser... tu sais ? ils étaient trois, un violon, un tambourin et un piston...

— Je ne les ai pas remarqués...

— Oh ! Violette les a bien remarqués, elle ; le piston surtout lui a plu ; elle ne cesse de s'écrier :

« Quel charmant instrument ! comme cela fait bien danser ! Ah ! si j'étais homme, je voudrais jouer de cet instrument-là ! » Tu conçois bien que c'est absolument comme si elle m'avait dit : « Si vous voulez que je vous aime, il faut savoir jouer du piston ! »

— Tu crois que cela veut dire cela ?

— Oh ! cela s'entend de reste. Benoît, toi qui sais tant de choses, apprends-moi le piston ?

— Je ne demanderais pas mieux ; mais il y a une petite difficulté : c'est que je ne le sais pas, et je n'ai jamais compris que l'on pût enseigner ce qu'on ne sait pas ; il y a pourtant des gens qui ne font pas autre chose et qui ont beaucoup d'élèves !... Par exemple, j'ai quelques notions sur la musique, je puis t'apprendre les notes et leur valeur.

— Alors je m'apprendrai le piston tout seul... Tu m'as dit toi-même, Benoît, qu'avec une ferme volonté, l'homme venait à bout de tout ce qu'il voulait faire.

— C'est vrai. Seulement... de même que pour faire une gibelotte de lapin, il faut d'abord un lapin...

— Je t'entends... Pour apprendre le piston, il faut en avoir un... Je cours à Compiègne ; il y a un marchand de musique et d'instruments d'occasion... Ce serait bien le diable s'il n'avait pas un piston !

— Et de l'argent?... C'est plus cher qu'un mirliton, cela !

— De l'argent?... Je crois que j'en aurai assez : j'avais fait depuis deux ans quelques petites économies... je possède trente francs... j'espère que ce sera assez !

— Et si cela ne l'est pas, je te donnerai les miennes ; j'en ai quarante, moi ; c'est pour toi que je les avais mis de côté. Tu m'avais dit autrefois que tu serais bien content de posséder un bon fusil, je voulais t'en offrir un aux étrennes ; mais puisque aujourd'hui tu préfères un piston, ce sera pour t'en acheter un... avec une méthode pour s'apprendre tout seul à jouer de cet instrument.

Giroflé rapporte au village un piston et une méthode : les économies des deux frères y ont passé ; mais le jeune amoureux étudie avec tant d'ardeur qu'au bout de deux mois il est en état de jouer assez bien une polka.

Alors, un soir, il va se placer à trente pas de la chaumière de la mère Moutin, et se met à jouer de son piston ; c'est une surprise qu'il compte faire à Violette, à laquelle il n'a pas dit qu'il apprenait la musique.

En effet, au son de cet instrument, que l'entourage des bois rend encore plus sonore, plus expressif, la jolie fille est sortie de sa chaumière ; elle écoute, elle regarde de tous côtés, ses yeux expriment le plaisir que lui cause ce qu'elle entend ; elle s'avance vers l'endroit d'où partent les sons, et bientôt elle aperçoit Giroflé jouant de son instrument.

— Comment ! Giroflé, c'est vous qui jouez ainsi du piston ? s'écrie Violette en s'arrêtant devant le jeune garçon.

— Oui, mam'zelle, oui, c'est moi... comme vous voyez.

— Mais vous ne m'aviez pas dit que vous étiez musicien, que vous saviez jouer de cet instrument?

— Mam'zelle, je ne pouvais pas vous le dire... quand je ne le savais pas encore...

— Et depuis quand donc avez-vous appris ?

— Depuis que je vous ai entendu dire que cet instrument-là vous plaisait beaucoup... que vous voudriez toujours l'entendre...

— Ah! c'est donc pour m'être agréable que vous avez appris à en jouer?

— Mais, assurément !... Ne savez-vous pas, Violette, que pour vous être agréable, il n'y a rien que je ne fasse?

— Ah ! c'est bien poli de votre part !

— Poli ! poli !... murmure Giroflé, ne suis-je donc que cela pour vous ?... Ah ! mam'zelle Violette, vous savez bien que je vous aime, que, nuit et jour, je ne pense qu'à vous... enfin, que je grille de vous épouser... et qu'il ne tient qu'à vous de me rendre le plus heureux des hommes !

— Le plus heureux... c'est possible ; mais, moi, serais-je la plus heureuse des femmes?

— Mam'zelle, je ferai toutes vos volontés... je contenterai tous vos désirs... Vous voyez bien que j'ai appris le piston, parce que vous avez dit que cet instrument-là vous plaisait beaucoup...

— Sans doute... c'est très-aimable de votre part... mais vous ne pourrez pas m'acheter des robes de soie, des bonnets de dentelle, en jouant du piston?

— Mam'zelle, je travaillerai de mon état... je travaillerai comme quatre pour gagner plus d'argent... et vous donner ce que vous voudrez...

— Oh! ce n'est pas en taillant des arbres, en soignant des fleurs, que l'on devient riche... Enfin, c'est égal, jouez-moi encore quelque chose...

— Oui, mam'zelle...

— Ah! pas cet air-là, vous venez de le jouer déjà, un autre...

— Mam'zelle, c'est que je n'en sais pas d'autre encore...

— Ah! c'est différent, alors recommencez.

Giroflé a recommencé son air; puis il le recommence encore; enfin, il le joue six fois de suite. Alors Violette lui dit :

— C'est assez; c'est bien gentil, mais il faudra en apprendre un autre.

Lorsque notre amoureux revient près de son frère, celui-ci lui dit :

— Eh bien! ta belle Violette est-elle bien contente?

— Oh! oui, mon frère, elle a été enchantée de m'entendre jouer du piston ; elle a été fièrement surprise, va !

— Et elle consent à t'épouser à présent ?

— Non, pas encore... mais elle m'a dit d'apprendre un autre air, afin de ne point lui jouer toujours la même chose.

— Et quand tu sauras un autre air, t'épousera-t-elle ?

— Dame ! elle ne me l'a pas encore dit... mais, à force de lui être agréable, faudra bien que j'y arrive.

Giroflé a appris un autre air, puis encore plusieurs ; il va tous les jours, dès qu'il a fini sa besogne, s'asseoir devant la maisonnette de la mère Moutin, et se met à jouer du piston. Dans les premiers temps, Violette sort de chez elle pour mieux entendre, ensuite elle vient seulement sur le seuil de sa porte, puis elle ne se montre plus du tout, et, enfin, un beau soir, elle se montre de nouveau, mais c'est pour aller dire au musicien :

— Monsieur Giroflé, il me sort par les oreilles votre instrument ?... Toujours entendre jouer du piston, c'est fatigant. Voyez-vous, vous ferez bien de vous reposer pendant quelque temps.

Le pauvre garçon ôte l'embouchure de son instrument, et le soir il revient tristement près de son frère, qui lui dit :

— Tu sais beaucoup d'airs à présent, ta bonne amie doit être bien satisfaite ? A quand le mariage ?

— Ah! ben oui! maintenant, mam'zelle Violette ne veut plus entendre le piston, elle dit que ça lui sort par les oreilles... je n'en jouerai plus!

Le frère Benoît hoche la tête en murmurant entre ses dents :

— Hum! les femmes!... Caton a bien dit que la raison et la sagesse étaient incompatibles avec l'esprit d'une femme! Origène la nomme la clef du péché, et Catulle prétend que les serments des belles sont gravés sur l'haleine des vents et la surface des ondes! Enfin, Virgile a dit : *Varium et mutabile semper femina!*

III

UN ORGUE DE BARBARIE.

A quelque temps de là, un beau dimanche, et comme c'était la fête du village, un joueur d'orgue vint avec son instrument à Saint-Jean-aux-Bois, où il n'en était pas venu depuis bien des années. Le musicien ambulant se mit sur la place du village, et, là, pendant plus de cinq heures, il fit danser les paysans.

Violette, qui avait bien voulu danser avec Giroflé, ne cessait de s'écrier :

— Ah! le bel instrument! les beaux sons! On croirait qu'il y a là-dedans cinq ou six musiciens... Et dire qu'il ne faut que tourner cette manivelle pour faire cette musique-là!... Oh! ce n'est pas possible... il doit y avoir une manière...

— Mais, non, mam'zelle; tenez, venez plutôt près du musicien... vous allez voir.

Et Giroflé mène Violette au joueur d'orgue; celui-ci consent à laisser un moment la jeune fille tourner la manivelle. Violette est enchantée de faire aller la musique; elle ne s'éloigne de l'orgue qu'avec regret et en répétant à chaque instant :

— Oh! que c'est joli!... on sait faire de la musique sans avoir appris!... A la bonne heure! en voilà un bel instrument... c'est autre chose que le piston, cela. Et il suffit de pousser un petit ressort pour changer l'air!... et il y a huit airs différents, qu'on peut jouer tout aussi bien les uns que les autres!... Oh! la belle invention!... Si je le pouvais, je m'achèterais un orgue tout de suite! Je ne sortirais plus jamais de chez moi, je me ferais de la musique toute la journée.

Ces paroles n'ont pas été perdues pour le pauvre amoureux, qui, lorsqu'il est avec son frère, lui dit en soupirant :

— Maintenant, Violette a une autre passion.

— Elle aime un autre garçon du village?

— Oh! non! mon frère, grâce au ciel, ce n'est pas cela... Je me périrais si c'était ça!

— Ce serait un mauvais moyen pour être aimé à ton tour!...

— Il est venu un joueur d'orgue à la fête, et c'est son instrument qui a séduit Violette; elle ne voulait pas croire qu'on pouvait en jouer sans avoir appris...

Je lui ai fait tourner la machine... elle était enchantée... Ah! dame! c'est vrai que ça fait une belle musique... un bruit superbe... comme si on entendait beaucoup d'instruments!

— Eh bien !... ensuite ?

— Ensuite... Violette ne cesse de répéter qu'elle serait bien heureuse si elle avait chez elle un orgue, parce qu'alors elle se ferait de la musique toute la journée et ne sortirait jamais! Une femme qui ne sort jamais, c'est rare, cela! Aussi... je lui donnerais bien vite un orgue si j'avais de l'argent... mais je n'en ai plus!

— Et puis il en serait peut-être de l'orgue comme de ton piston, elle s'en fatiguerait!

— Oh! non, parce qu'elle en jouerait elle-même, et c'est ça qui la flatte!... Je suis bien sûr qu'elle ne laisserait pas les autres jeunes filles y toucher... Mais il n'y faut pas penser, car je n'ai pas d'argent!...

Et le pauvre amoureux soupirait, et il était tous les jours plus triste, parce qu'il sentait qu'il ne pouvait pas satisfaire le désir de celle qu'il aimait; si bien que, tout attristé aussi en voyant le chagrin de son frère, un jour, Benoît partit pour Compiègne; il se rendit chez le notaire, lui remit son titre de rente, en lui disant :

— Monsieur, j'ai besoin d'une centaine d'écus, faites-les moi avoir là-dessus, afin que je puisse rendre la gaieté et le bonheur à mon jeune frère.

Puis, au bout de quelques jours, le frère aîné faisait venir de Paris un orgue complet qu'il présentait à son frère en lui disant :

— Tiens, François, donne ça à celle que tu aimes tant, contente son envie, et tâche qu'elle contente la tienne en devenant ta femme.

Giroflé saute de joie; il saute au cou de son frère, il sauterait sur l'orgue, s'il ne craignait pas de l'abîmer. Mais, ensuite, il regarde Benoît d'un air attendri, en balbutiant :

— Tu as entamé tes rentes pour me faire plaisir... Ah! mon frère, tu es trop bon pour moi!

— Qu'est-ce que tu dis? Je n'ai pas touché à mes rentes... c'est aux tiennes, puisque la moitié est à toi; tu es bien le maître d'en faire ce que tu veux; il te fallait un orgue pour être aimé de Violette, en voilà un. Cours vite le lui porter. Il joue huit airs.

Giroflé ne se fait pas répéter ce conseil; il met l'orgue sur ses épaules, et, bien que ce soit un lourd fardeau, il court jusque chez Violette; il y arrive en nage, il peut à peine parler; mais il dépose l'instrument devant la jeune fille, en lui disant :

— Voilà ce que vous désiriez tant posséder, mam'zelle; je suis bien heureux de pouvoir vous faire ce plaisir.

Violette a peine à en croire ses yeux... elle tourne autour de l'orgue, ne peut se lasser de l'examiner, puis apercevant la manivelle que Giroflé vient d'y attacher, elle la prend, la tourne, la musique se fait entendre; alors elle pousse un cri de joie :

— C'en est un... c'en est vraiment un !

— Quoi ! mam'zelle, est-ce que vous pensez que 'aurais voulu me moquer de vous?... vous donner un faux orgue... qui n'aurait pas joué pour de bon !...

— Oh ! mais, monsieur Giroflé, c'est que je suis si étonnée que vous ayez pu m'avoir un orgue... Vous m'en faites cadeau?

— Mais naturellement, mam'zelle.

— Savez-vous que c'est bien galant de votre part !

— C'est pas de la galanterie, Violette, c'est de l'amour, c'est toujours de l'amour... et si ça peut vous faire m'aimer aussi?...

— Oh ! laissez-moi tout de suite en jouer et connaître les airs !

La jolie villageoise fait placer son orgue sur une table, puis elle s'assied à côté et se met à en jouer. Tous les habitants de l'endroit s'arrêtent devant la maisonnette pour écouter la musique ; les filles et les garçons sautent, dansent quand l'orgue joue une polka, enfin le cadeau de Giroflé met tout le village en mouvement.

Cela dure ainsi pendant plusieurs jours ; puis on ne fait plus attention à la musique de l'orgue, qui distrait trop du travail ; puis, lorsque Violette sait par cœur les huit airs que contient le cylindre de l'instrument, elle en joue elle-même moins souvent, et enfin elle n'en joue plus du tout. Et lorsque Giroflé, tout surpris de ne plus entendre de musique, entre chez Violette et lui dit :

— Vous ne jouez donc plus de votre orgue, mam'zelle?

Elle lui répond :

— Cette musique-là ennuyait ma vache ; elle maigrissait sans cesse... elle ne donnait plus tant de lait... Alors, vous comprenez que je ne veux pas qu'elle tombe malade; remportez votre orgue, monsieur Giroflé, je n'en jouerai plus, et ici ça me gêne, ça tient trop de place.

Benoît, qui voit son frère revenir avec l'orgue sur le dos, lui demande s'il y a quelque chose de cassé à l'instrument dont il n'entend plus jouer, et Giroflé murmure :

— Non, l'instrument est en bon état ; mais cette musique-là déplaît à la vache de la mère Moutin... alors Violette n'en veut plus.

— Mais, au moins, cette jeune fille se montre-t-elle maintenant sensible à ton amour?

— Pas trop!... Elle dit toujours qu'elle verra!...

— Elle ne verra jamais un garçon l'aimer mieux que tu ne l'aimes !

— Oh! pour cela, j'en réponds !...

— Mon pauvre François, j'ai peur que tu ne te sois amouraché d'une coquette !...

— Je ne vois pas Violette faire la coquette avec personne; seulement, elle me parle quelquefois de Paris...

— De Paris !... Est-ce qu'elle aurait envie d'y aller, par hasard?

— J'en ai peur...

— Alors, mon garçon, c'est qu'elle ne t'aime pas...

— Oh! ce sont des idées de jeune fille... mais ça ne lui dure pas... Quand elle sera ma femme et qu'elle s'occupera d'élever nos marmots, elle ne songera plus à Paris.

— C'est juste; mais tâche donc qu'elle se décide bien vite à t'épouser.

— Et les leçons, frère, cela va-t-il? As-tu beaucoup d'élèves, gagnes-tu assez pour vivre?

— Oui... oui... ça commence à venir.

Benoît ne veut pas dire à son frère que les trois quarts de ses élèves ne le payent point, et que c'est à peine s'il gagne de quoi manger depuis qu'il habite Saint-Jean-aux-Bois, car il sait bien que Giroflé lui dirait : « Pourquoi as-tu quitté Compiègne pour me suivre ? » Et il préfère manger du pain sec que de vivre loin de son frère.

Quelques semaines après que Violette a rendu l'orgue, qu'elle avait d'abord désiré avec tant d'ardeur, une paysanne de ses amies reçoit de son futur une jolie petite montre en or qu'elle ne manque pas de faire voir à tout le village et qu'elle porte fièrement à son cou.

Ce bijou cause des éblouissements à Violette; elle ne cesse plus de parler de la montre de Madeleine, et, chaque fois qu'elle aperçoit Giroflé, ne manque pas de s'écrier :

— Avez-vous vu la montre de Madeleine?

— Oui, mam'zelle ; pardi ! elle la fait voir à tout le monde !...

— Dame ! elle a bien raison d'en être fière, c'est un si joli bijou !... Oh ! le charmant cadeau !... A la bonne heure, c'est là un cadeau !... On peut porter cela sur soi... c'est pas comme votre orgue de Barbarie !...

— Je n'ai jamais pensé, mam'zelle, que vous porteriez un orgue pendu à votre cou !... mais, jadis, vous sembliez tant aimer cette musique-là...

— Oh ! la musique, ça n'avance à rien !... C'est comme votre idée de piston !... Est-ce que vous en jouez encore ?

— Quelquefois, mam'zelle... pour ne pas l'oublier tout à fait !

— On ne gagne pas d'argent à toutes ces bêtises-là... et ce n'est qu'avec de l'argent qu'on peut se donner des belles choses... comme la montre de Madeleine, par exemple !... Oh ! Dieu ! serais-je heureuse si j'en avais une comme cela !

François Giroflé ne manque pas, dès qu'il rentre au logis, de dire à son frère :

— As-tu vu la montre de Madeleine ?

— Non ; d'abord, je ne connais pas même Madeleine... Qu'est-ce qu'elle fait ? Est-ce qu'elle veut apprendre à écrire ?

— Non, c'est une grande fille qui va se marier bientôt.

— Et c'est pour cela qu'elle a une montre ?

2.

— Oui, parce que c'est son futur qui lui en a fait présent... Il l'a achetée pour elle à Paris.

— Eh bien! qu'est-ce que cela nous fait?

— Oh! rien du tout ; mais c'est Violette à qui ça fait quelque chose... Elle est toquée de cette montre; ce bijou ne lui sort pas de la tête... Elle ne cesse pas de dire : « A la bonne heure! voilà un futur qui fait un joli cadeau à celle qu'il veut épouser, et Madeleine a raison d'en être fière! Une montre en or!... comme ça doit bien marquer l'heure! »

Benoît, qui comprend où son frère en veut venir, se gratte l'oreille et garde quelque temps le silence. Giroflé reprend au bout d'un moment :

— Si je donnais une montre à Violette, certainement elle ne pourrait plus refuser d'être ma femme!... surtout si elle était aussi en or.

— Si tu es persuadé de cela, mon ami, eh bien! il faut donner une montre à mademoiselle Violette...

— Ah! mon frère... mais tu sais bien que je n'ai pas d'argent!

— Mais tu sais bien aussi que nous pouvons en avoir sur notre inscription de rentes...

— Mon cher Benoît... je finirai par te ruiner...

— Ce n'est pas moi, c'est ton bien dont tu disposes.

— Une montre toute petite, ça ne doit pas être très-cher?

— Les plus petites coûtent quelquefois plus que les grosses... J'irai à Compiègne... je te trouverai cela.

— Mais il faut qu'elle soit en or, pour bien marquer l'heure.

— Ce n'est pas parce qu'elle sera en or qu'elle marquera mieux l'heure; mais le cadeau sera plus convenable. Sois tranquille, elle sera en or...

— Mon cher Benoît, tu es trop bon pour moi. Ah! je voudrais aussi qu'elle eût le cadran émaillé comme celle de Madeleine, et le chiffre de Violette dessus... mais je t'en demande trop peut-être?

— Pas du tout. Tu veux te marier, il faut bien que tu fasses ton présent de noces.

Le surlendemain de cette conversation, Giroflé offrait à Violette une charmante petite montre en or, dont le travail et l'élégance dépassaient de beaucoup celle que portait Madeleine, et qui avait sur la boîte le chiffre de la jeune fille. En recevant ce bijou, Violette a rougi de plaisir; pour la première fois, elle tend d'elle-même la joue à son amoureux en lui disant :

— Embrassez-moi, cela mérite bien ça... Ah! mon petit Giroflé, vous êtes bien gentil, et je vais joliment me parer de votre cadeau.

Le jeune jardinier, qui s'entend pour la première fois appeler par Violette : « Mon petit Giroflé, » est dans l'ivresse; il voudrait avoir d'autres bijoux à offrir à celle qu'il aime, il s'écrie :

— Enfin j'ai donc trouvé le chemin de votre cœur!... J'ai eu de la peine; mais m'y v'là... et vous serez ma femme; vous le voulez bien, n'est-ce pas?

— Dame! puisque vous y tenez tant... faudra bien en venir là!...

— Et quand cela, mam'zelle, quand cela?... fixez-moi une époque?...

— Mais en ce moment ma tante est malade, il faut attendre qu'elle soit rétablie.

— Oh! mam'zelle, soignez-la bien, je vous en prie! Donnez-lui trois médecines par jour, s'il le faut, afin qu'elle guérisse plus vite.

— Trois médecines, je ne pense pas qu'il lui en faille tant; mais, soyez tranquille, nous voyons le médecin, nous faisons tout ce qu'il ordonne.

— Est-ce un bon médecin?

— Dame!... c'est le seul dans les environs.

— Voulez-vous que je vous envoie aussi le vétérinaire et le dentiste de Compiègne?

— Oh! je ne pense pas que ce soit nécessaire.

— On ne sait pas! Quéquefois, ce que l'un n'a pas ordonné, l'autre le fait faire! Je vous enverrai aussi le pédicure et le rebouteux, et ce sera bien le diable si, avec tout ce monde-là, on ne parvient pas à guérir cette pauvre mère Moutin!

IV

LES BONNES AMIES DE PARIS.

Malgré le médecin, le vétérinaire, le dentiste et le pédicure... ou probablement grâce aux ordonnances de toùt ce monde-là, la mère Moutin ne tarda pas à mourir. Alors Violette se trouvait sa maîtresse, libre de faire ce qui lui plaisait, et de penser aux belles toilettes que les dames portent à la ville et surtout à Paris.

Giroflé, qui est toujours aussi assidu près de la jolie fille, lui répète encore :

— Eh ben! mam'zelle, à quand fixez-vous notre mariage?

Mais Violette, qui ne se sent nullement pressée d'épouser le jardinier, lui répond sur un ton assez sec :

— Monsieur Giroflé, c'est pas quand ma tante vient de mourir que je dois penser à ces choses-là.

Cependant, la tante était morte depuis trois mois, et Violette faisait toujours la même réponse. Pour consoler son frère, que ces retards désolaient, Benoît lui disait :

— Mon ami, cela prouve que ta future aimait bien sa tante, qu'elle la regrette sans cesse ; cela fait l'éloge de son cœur.

Mais, un matin, une dame fort élégante entre dans la maisonnette où Violette était en train de battre ses petits fromages. Cette dame court embrasser la villageoise en s'écriant :

— Bonjour ! chère amie ; ah ! que je suis contente de te revoir !... Tu me regardes... est-ce que tu ne me reconnais pas ?

— Ah ! mais... attendez donc... est-ce bien possible ?... C'est toi, Marjoleine ?...

— Eh ! oui, c'est moi !... ton ancienne camarade... avec qui tu allais à l'école et qui ai quitté ce village il y a trois ans pour me placer à Compiègne...

— Où tu n'es pas restée bien longtemps, car, au bout de cinq mois, tu n'y étais plus... Tu avais disparu, on ne savait pas ce que tu étais devenue !...

— Mais je le savais bien, moi... Je m'étais fait enlever et conduire à Paris.

— Enlever !... par des voleurs ?

— Que t'es bête !... non pas ! mais par un beau

jeune homme, un militaire... un dragon, rien que ça... qui m'avait dit qu'il m'épouserait...

— Alors, tu es dragonne, à présent ?

— Non... mon militaire a été obligé d'aller en garnison dans une ville fort triste; moi, je suis restée à Paris, où un gros fabricant de sucre m'offrit son cœur...

— Alors tu es dans la sucrerie, maintenant?

— Je n'y suis plus... Les sucres ont par trop baissé; mon sucrier ne me menait plus au spectacle, ni dîner au restaurant... Je l'ai laissé pour écouter les propositions d'un gros négociant en vin de Champagne.

— On dit que c'est bien bon ; je n'en ai jamais bu ! Tu es dans le vin, en ce cas ?...

— Plus à présent, parce que mon négociant, qui fabriquait son vin de Champagne lui-même, s'est, un jour, trompé de drogue... si bien qu'au lieu de faire du champagne, il a fait du vinaigre... ça l'a coulé. Mais, heureusement, j'avais été distinguée par un homme de Bourse...

— Qu'est-ce que c'est que ça, un homme de Bourse ?

— C'est un homme qui tripote dans les fonds publics et qui gagne beaucoup d'argent en boursicotant.

— Ah! que c'est drôle ! Comme ça, te voilà boursicotière, toi... Il t'a épousée, celui-là?

— Pas encore, mais c'est la même chose; ce qui fait que je vis à présent dans le beau monde...

— Comme tu es bien mise!... Le beau chapeau!...

une robe de soie !... oui, vraiment, c'est de la vraie soie !

— Je crois bien ; oh ! j'ai encore de bien plus belles robes que celle-ci !

— De plus belles ! Comment donc sont-elles, alors ? Et ce petit chapeau !... ces rubans !... Ah ! vois-tu, dans une promenade, je ne t'aurais jamais reconnue, Marjoleine !

— Aussi je ne suis plus Marjoleine, je suis madame Trafalgar.

— Ah ! ce nom !... Ton boursicotier s'appelle Trafalgar ?

— Non ; mais il m'a fait prendre ce nom-là, parce que, quand on a un certain ton et des domestiques, on ne peut plus s'appeler Marjoleine... c'est trop paysan.

— Je ne peux pas me lasser de t'admirer... Comme tu dois être heureuse !

— Certainement que je suis heureuse... M. Bichetout me donne tout ce que je veux.

— Qu'est-ce que c'est que ça, Bichetout ?

— Eh bien ! c'est mon monsieur...

— Ah ! ton mari ?

— C'est la même chose.

— Qu'est-ce que tu fais toute la journée ?

— Ah ! ma chère, je m'amuse tant, que quelquefois je ne sais plus qu'inventer pour me divertir... Alors, ces jours-là, je suis de très-mauvaise humeur, j'ai mes nerfs...

— Tu as tes nerfs ?... De quoi que c'est ? des puces ?

— Eh ! non... ses nerfs... cela veut dire ses vapeurs !

— Ah ! oui, des vents !

— Tu n'y es pas !... Mais alors, quand j'ai mes nerfs, M. Bichetout ne sait que s'imaginer pour me rendre ma gaieté, et cela finit toujours par quelque cadeau qu'il me fait, un châle ou un bracelet.

— Ah ben ! tu peux dire que tu as de la chance, toi !

— Ah ! pas encore tant que madame de Boucherose !

— Qu'est-ce que c'est que madame de Boucherose ?

— C'est Toinon... Tu ne te souviens plus de Toinon, qui était si gourmande, qui volait des cerises, des pommes à tout le monde ?

— Ah ! si, la grosse Toinon, qui est entrée, à Compiègne, au service d'un monsieur seul... pour lui faire sa cuisine.

— Il paraît qu'elle lui a fait une si bonne cuisine, que son maître l'a emmenée à Paris. Il est mort ; mais il lui a laissé une jolie somme... Alors, elle s'est bien habillée... elle est assez belle femme, seulement, un peu trop grasse à mon idée ; mais il y a des hommes qui aiment les paquets ! la preuve, c'est qu'elle a donné dans l'œil à un riche étranger... un Turc, à ce qu'on dit ; enfin, il lui a donné un hôtel, ma chère !

— Et elle lui fait sa cuisine ?

— Sa cuisine ! par exemple ! C'est elle maintenant

qui a une cuisinière et des valets pour la servir... jusqu'à un nègre jaune !... Enfin, son Turc lui a donné un coupé !

— Son Turc l'a coupée ?

— Ah ! tu ne comprends rien ! Un coupé, c'est une voiture, rien que ça...

— En vérité ! Toinon, la grosse Toinon a voiture !

— Oui, Violette. Ah ! je ne serai heureuse que lorsque j'en aurai autant... Déjà, plusieurs fois, j'ai fait entendre à M. Bichetout que je voudrais avoir un équipage à moi, avec des chevaux à moi, et un nègre jaune pour se tenir derrière. Il a fait la sourde oreille ; mais il faudra qu'il y arrive ! sinon... il verra !

— Tu auras tes nerfs ?

— Ah ! j'aurai bien autre chose. Mais, voyons, parlons de toi, ma petite Violette ; tu veux donc passer ta vie ici ?

— Dame ! je le veux... c'est-à-dire que j'aimerais autant être ailleurs !

— Qu'est-ce que tu fais ici ?

— Comme tu le vois... des petits fromages que je vends.

— C'est pas une position, ça... Jeune, jolie comme tu l'es... passer sa vie à faire des fromages, ce n'est pas exister.

— Ah ! ça ne m'amuse pas beaucoup, je l'avoue ! Il y a Giroflé qui veut absolument m'épouser...

— Qu'est-ce qu'il fait, ce Giroflé ?

— Il est jardinier... il travaille pour des bourgeois quand il trouve de l'ouvrage...

— Voilà un beau parti pour une jolie fille comme toi !... Tu n'es pas sotte, tu sais lire et écrire...

— Et coudre et broder même !

— En vérité, mais en voilà plus qu'il n'en faut pour que tu trouves une place à Paris dans quelque magasin ! Et, une fois à Paris, oh ! je suis bien sûre que l'on t'offrira vite une belle position...

— Tu crois ?... Ah ! si je le savais !... d'autant plus que ma tante est morte. Je suis ma maîtresse, je puis partir quand je le voudrai !... Seulement, c'est ce pauvre Giroflé à qui ça fera de la peine...

— Est-ce qu'il faut se gêner pour un homme ?... Ton jardinier épousera une autre paysanne... il n'en manque pas dans le pays... Les hommes se consolent bien vite, va !

— Tu crois ?... Cependant...

— Est-ce que tu as de l'amour pour ce garçon ?

— Oh ! je ne crois pas... ou bien peu.

— Si tu ne crois pas, c'est que tu n'en as pas du tout.

— C'est que... il m'a donné cette montre.

— Eh bien ! après ? Voilà-t-il pas un si beau cadeau ! A Paris, on te donnera des pendules avec leur garniture... Je te le répète, il faut y venir.

— Mais où irai-je en arrivant à Paris ?... Je n'y connais personne... j'irai donc chez toi ?

— Ah ! non ! Diable ! pas de ça... tu es trop gen

tille... tu n'aurais qu'à tourner la tête à Bichetout!...
Il est vrai qu'il te trouverait trop forte, lui... il aime
les tailles très-fines... aussi vois, comme je suis
pincée !...

— Oh! c'est vrai!... Tu as donc bien maigri?

— Pas tant, mais je me serre pour plaire à ce
monsieur... Enfin, c'est égal, je ne veux pas que tu
viennes loger chez moi, parce que je connais les
hommes!... Leur fidélité ne tient jamais qu'à un
cheveu. Écoute : je vais m'occuper de te chercher
une place dans quelque magasin... Une fois casée,
tu iras toute seule...

— Vraiment, tu t'occuperas de moi?

— Je te le promets, et je vais aussi parler de toi à
Toinon... madame de Boucherose...

— Tu la vois donc quelquefois?

— Très-souvent; elle me mène promener dans son
coupé; ça me vexe d'être dans son équipage, mais,
comme ça m'amuse d'aller en voiture, j'y vais tout
de même. J'ai dit à Boucherose que j'allais faire un
tour à Compiègne, puis que je viendrais ici pour te
voir; elle m'a répondu : « Ah! cette chère Violette,
un de ces jours, j'irai la voir aussi. » Comme c'est
une très-bonne pratique pour les magasins, elle
achète toujours sans marchander... j'en fais autant,
vu que ce n'est pas moi qui paye... A nous deux,
ce serait bien étonnant si nous ne te trouvions pas
une place dans un beau magasin... et dans un quartier riche! C'est bien important cela; car il ne faut

pas aller se mettre dans une rue où il ne passe que des pannés. Dès que nous aurons trouvé cela, je te le ferai savoir. Alors, tu ne souffles pas mot, tu fais argent de tout... tu prends ton sac et tes quilles, et tu vas, un beau matin, sans rien dire à personne, prendre ta place dans le chemin de fer, qui, en quelques heures, te dépose à Paris.

— Ah! que je serai contente! ma chère Marjoleine... pardon, je veux dire madame Trafalgar...

— Entre nous, appelle-moi toujours Marjoleine; va, ça ne me fâche pas, au contraire...

— Ah! tu es bien bonne enfant! la fortune ne t'a pas changée!

— Ah! par exemple, si nous étions à Paris et devant du monde, tu comprends qu'il ne faudrait pas m'appeler Marjoleine!

— Oh! je ne serais pas si simple. Et, vraiment, tu t'occuperas de moi, tu ne m'oublieras pas quand tu seras à Paris?

— Sois tranquille, tu ne tarderas pas à en avoir la preuve... Sont-ils bons tes fromages?

— Très-bons; veux-tu en goûter?

— Pourquoi pas?... Et je boirai du lait, ça me reposera un peu du vin de Champagne.

— De celui au vinaigre?

— Oh! non; j'en bois du très-bon, du vrai, maintenant... M. Bichetout s'y connaît! Mais, c'est égal... toujours du champagne... ça altère.

Madame Trafalgar attaque avec appétit les petits

fromages, elle en mange plusieurs, boit un grand bol de lait, puis embrasse Violette et la quitte en lui disant :

— Je retourne gagner le chemin de fer.

— Toute seule ?... Veux-tu que je t'accompagne ?

— Non, j'ai quelqu'un qui m'attend dans les environs.

— Ah ! M. Bichetout ?...

— Le plus souvent ! pas si bête ! Au revoir, Violette ! Tu auras de nos nouvelles. Vois-tu, ma petite, il ne faut pas moisir ici ; tu es trop jolie pour rester dans un village.

La dame élégante est partie, et Violette reste tellement préoccupée de tout ce qu'elle a dit, qu'elle ne songe plus à terminer ses fromages; et Giroflé qui, suivant son habitude, vient à la brune lui apporter un bouquet, la trouve encore là, assise et pensive devant ses jattes de crème.

— Tiens ! est-ce que vous dormiez, mam'zelle ? demande le jeune amoureux, surpris de ce qu'il voit.

Violette, rappelée à elle-même par la voix de Giroflé, lui répond presque avec humeur :

— Non, monsieur, je ne dormais pas !... Pourquoi supposez-vous que je dormais ?

— Pardon, mam'zelle, mais c'est parce que je vois encore toute votre crème là... devant vous...

— Eh bien ! monsieur, est-ce qu'il n'est pas permis de se reposer un peu ? Est-ce qu'il faut toujours travailler ? Croyez-vous donc que ce soit si amusant de faire des fromages?... Ah! ça m'ennuie!... ça m'ennuie!... Pour un rien, je renverserais cette crème à terre !

Giroflé, désolé d'avoir reçu cette rebufade, balbutie :

— Quand vous serez ma femme, Violette, vous ne ferez plus de fromages, je vous le jure!... Vous ferez autre chose... de plus agréable, de plus amusant... vous arroserez mes fleurs...

— Ah! oui... avec ça que ce n'est pas fatigant d'arroser !...

— Eh ben! non... non, vous n'arroserez pas... Vous cousez très-bien... vous me ferez des chemises !

— Ils sont gentils vos amusements !... Si c'est là tout ce que vous avez à m'offrir, ça ne me tente guère !

Le jeune jardinier fait tout ce qu'il peut pour rendre à Violette sa bonne humeur; mais il n'y parvient pas, et, le soir, son frère, le voyant tout triste, lui dit :

— Ton amoureuse ne t'a pas encore fixé un jour pour t'épouser?

— Non, Benoît, car j'ai bien peur que mon amoureuse ne soit pas du tout amoureuse de moi.

— Alors, elle ferait mieux de le dire tout de suite, au lieu de te leurrer de fausses espérances !

— Je ne sais pas ce qu'elle avait aujourd'hui; elle était de bien mauvaise humeur.

— Les femmes ont rarement l'humeur égale, mon ami; tu sais bien ce qu'en dit Virgile : *Varium et mutabile...*

— Je ne connais pas ton monsieur Virgile, mais quand une fille a reçu une montre d'un jeune homme, est-ce que ce n'est pas l'encourager à lui faire la cour ?

— Cela pourrait être aussi pour savoir l'heure. Allons, console-toi, frère ; de la patience, cette belle Violette ne voudra pas toujours rester fille... et comme il n'y a que toi de gentil dans le village, il faudra bien qu'elle te donne la préférence.

Huit jours se sont écoulés. Violette n'a pas reçu de lettres de Paris ; elle pense déjà que son ancienne compagne l'a oubliée, lorsque, par une belle matinée, une voiture bourgeoise s'arrête devant sa demeure.

Une dame, très-parée et très-grasse, descend, aidée par un petit mulâtre qui était derrière l'équipage. Violette pousse un cri de joie en reconnaissant Toinon, qui, malgré sa parure, est moins changée que Marjoleine. Elle court bien vite au-devant de la belle dame, en disant :

— Oui, oui, c'est Toinon, avec son nègre jaune, sa voiture coupée et des diamants à ses oreilles !... C'est madame Bouche... Boucherose, comme Marjoleine m'a dit qu'elle était maintenant.

La belle dame ouvre ses bras à Violette, en s'écriant d'une voix un peu rauque, et que les plus riches parures ne sont point parvenues à adoucir :

— Bonjour, mignonne, viens m'embrasser!... Tu m'as donc reconnue tout de suite?...

— Oh! oui... quoique tu sois bien engraissée; mais ta figure est restée la même...

— Tant mieux! Si elle pouvait rester comme ça quarante ans encore, ça me chausserait!

— Et puis, Marjoleine m'avait parlé de toi; elle m'avait prévenue que tu avais fait fortune...

— Oui, ma biche, on a équipage, rien que ça! ce qui la fait un peu endéver, la Trafalgar!... Mais, dame! tout le monde ne fait pas la conquête d'un Grand-Turc !

— Ton mari est Grand-Turc?

— Il l'a été ou à peu près... Sultan, pacha, bacha... est-ce que je sais?... enfin dans les gros emplois de ce pays-là! Il a même eu un sérail, le scélérat! à ce qu'il m'a laissé croire... Mais, Dieu merci! il a renoncé à ce luxe... et il a d'autant mieux fait que ça ne lui serait d'aucune utilité, pauvre Sidi-Aboukir!... On dit : Fort comme un Turc!... merci... les proverbes mentent comme les dentistes... Mais Sidi-Aboukir a des diamants et des sequins à remuer à la pelle... c'est là le principal...

— Cette chère Toinon!... Es-tu bien mise!

— Chut! petite, *mutus*. Veux-tu bien ne pas m'appeler Toinon! Si mes gens t'entendaient... avec ça que mon petit mulâtre est malin comme un singe!... J'ai même dans l'idée qu'il l'a été...

3.

— Ah! pardon... c'est vrai... on t'appelle à présent madame Boucherose, n'est-ce pas?

— De Boucherose, ma petite; faut pas oublier le *de*, parce que ça donne un *fion*... ça en impose au vulgaire... et puis ça fait plaisir à Sidi...

— Mais es-tu devenue forte!... as-tu de la rotondité!...

— Ah! grâce au ciel, c'est ça qui m'a valu la conquête de mon sultan. Les Turcs font fi des femmes maigres... mais les gros appas ça les séduit... et c'est mon gros... matériel qui a tout de suite donné dans l'œil à Sidi-Aboukir.

— Et il te rend bien heureuse cet homme-là?

— Mais oui... sauf quelques petites habitudes turques, auxquelles il a fallu m'accoutumer, et qui ne me plaisaient pas d'abord, comme, par exemple, de manger assise à terre sur des coussins et les jambes croisées comme un tailleur...

— Oh! que ça doit gêner!...

— On s'y fait... et puis, de manger du riz à tous ses repas...

— C'est ça qui doit engraisser!

— Ce qu'il y a de certain, c'est que ça ne maigrit pas... Voilà donc ta cahutte!... Ça n'est pas brillant!

— Veux-tu entrer?

— Ce n'est pas la peine, ça sent le fromage là-dedans, restons au grand air... Domino! hohé! mon groom!

Le petit mulâtre s'avance en sautillant et se place

devant sa maîtresse, en tenant ses deux index en l'air comme les Chinois.

— C'est Sidi-Aboukir qui lui a appris à se tenir comme ça devant nous... Moi, je trouve que ça lui donne l'air d'un chien savant! mais le Grand-Turc l'a voulu!... Domino, va prendre dans le coffre de ma voiture une bouteille ficelée et des gâteaux que j'y ai placés, et apportes-nous cela ici... Allons, vite, esclave! *presto! subito!* Domino!...

Le petit jockey court à la voiture, et la grosse Toinon, dite *de Boucherose*, se tourne vers Violette, qui ne se lasse pas de la regarder.

— Vois-tu, ma petite, je ne m'embarque jamais sans biscuit, moi... Et puis, tu sais que j'ai toujours été un peu licheuse... Va chercher une table et deux chaises, avec des verres; nous allons tortiller tout cela ici sous les arbres... Ah! les arbres! c'est là seule chose que je regrette de la campagne.

Violette apporte ce qu'on lui a demandé. Ces dames s'asseyent; le petit mulâtre couvre la table de gâteaux de petit four, puis place à côté une bouteille de champagne, recouverte de sa capsule.

— Eh bien! Double-Six, à quoi penses-tu, de ne point nous déboucher cette bouteille?... J'espère que tu as sur toi tout ce qu'il faut pour cela, ou ça m'étonnerait! Le malin singe sait que je ne fais jamais une longue promenade sans me munir de champagne... c'est mon vin favori, et Sidi-Aboukir m'a appris à l'ingurgiter.

— Je croyais que les Turcs ne buvaient pas de vin?

— Oui, ma petite, c'est comme les juifs qui ne mangent pas de lard! Allons, jockey..... verse-nous!

M. Domino, qui a l'habitude de déboucher du champagne, fait lestement sauter le bouchon qui, en partant, fait presque autant de bruit qu'un pistolet. Violette pousse un cri, la grosse dame rit, et le petit mulâtre, qui s'amuse de la frayeur de la jeune fille, envoie de la mousse dans le nez de sa maîtresse. Alors celle-ci se lève, lui donne un coup de pied au derrière, puis lui retire la bouteille des mains et emplit elle-même les verres.

— Voilà comme il faut corriger ces drôles-là!... dit madame Boucherose, dont les manières comme le langage annoncent que son Turc ne tient pas positivement au bon ton et à la distinction dans une maîtresse.

Violette mange quelques gâteaux; son ancienne camarade en mange trois fois plus qu'elle, en lui disant :

— Eh bien, bois donc! Est-ce que tu ne trouves pas ça bon, le champagne?

— Oh! si... c'est délicieux!... mais c'est fort... j'ai peur de m'étourdir.

— Faut jamais avoir peur : et puis, boire du champagne, ça entre maintenant dans l'éducation d'une femme.

— En vérité?

— Oui, c'est très-bien porté... J'y suis d'une belle force... je grise quelquefois mon Turc. Alors, il est enchanté de moi, il m'appelle sa Grosse-Lune, et il me donne son mouchoir!

— Pourquoi faire?

— Chut! ceci est un mystère, compris seulement par les femmes du Levant! Mais c'est pas tout ça!... parlons de toi. D'après ce que Trafalgar m'a dit, tu brûles d'envie d'aller à Paris?...

— Mais dame... oui!... si je trouvais à m'y occuper...

— Eh bien! ma petite, je me suis mise en course pour te trouver une place dans un beau magasin et dans un riche quartier; j'ai ton affaire!

— Il serait possible!

— Plus que possible... Bois donc!... A ta santé!... Oui, ma belle, tu vas entrer demoiselle de boutique chez madame Repiqué, fabricante de corsets, rue de Rivoli..... Tiens, voilà l'adresse..... ne la perds pas...

— Chez une marchande de corsets... mais je ne sais pas en faire, moi!

— N'aies pas peur! on t'apprendra... Tu sais bien coudre?

— Oh! très-bien.

— Ça suffit; le reste ira tout seul. A ta santé!...

— Et tu crois qu'on voudra bien me recevoir dans cette maison-là?

— Je ne le crois pas, j'en suis sûre! Est-ce qu'on

aurait quelque chose à refuser à une pratique comme moi, et qui en ai procuré une foule... et qui paye rubis sur l'ongle !... Je te dis que c'est arrangé, convenu, on t'attend, et il faut t'y rendre le plus tôt possible. A ta santé !

— Ah ! ma bonne Toinon ! non, je veux dire Bouchederose !... que je suis contente !... Oh ! dès aujourd'hui, je vais m'occuper de vendre ma vache, et je filerai sans rien dire à Giroflé...

— Qu'est-ce que c'est que ça, Giroflé ?...

— Mon amoureux, qui voulait à toute force m'épouser !

— Envoie-le donc promener ?... Des amoureux ! mais tu en auras à Paris plus que tu n'en voudras !... Seulement, il ne faudra écouter que les hommes sérieux... parce que, vois-tu, Violette... à ta santé !... les amourettes, c'est des bêtises ; il faut se faire un sort et songer à son avenir... D'abord, je ne te donnerai que de bons conseils, moi. Tiens ! il n'y a plus de gâteaux... Allons, embrasse-moi, et je remonte en voiture...

— Quoi ! déjà ?

— Que diable veux-tu que je fiche ici ?... Domino, emportez cette bouteille... Ce qui reste est pour vous et le cocher.

Le petit mulâtre examine la bouteille et s'écrie :

— Maîtresse ! il ne reste plus rien dedans...

— Eh bien, tant mieux ! c'est assez pour vous deux... Ma chère Violette, j'irai te voir chez madame

Repiqué, où j'ai souvent affaire. J'use des corsets que c'en est dégoûtant ! Je les fais tous craquer.

— Oh ! oui, viens me voir, je t'en prie !

— C'est entendu. Crois-moi, ne perds pas de temps ; vends ta vache et pousse-toi de l'air ! Quand on a une frimousse gentille comme la tienne, on ne reste pas dans un village, on doit faire son chemin à Paris. Adieu, à bientôt !... je suis sûre que Sidi-Aboukir s'ennuie déjà après moi... il dit : « Où est donc ma lune !... » Au revoir, petite !

Madame de Boucherose remonte en équipage, dans lequel elle n'entre qu'avec peine, vu sa rotondité ; il faut, pour qu'elle y pénètre, que M. Domino pousse sa maîtresse par son matériel. Enfin, elle est incluse ; la voiture part, et Violette un peu étourdie par ce qui lui arrive et le vin de Champagne qu'elle a bu, reste quelques instants regardant toujours le chemin par où vient de s'éloigner la voiture. Puis, tout à coup, revenant à ce qui l'intéresse, elle se dit : « Le père Thomas m'a répété plusieurs fois qu'il voudrait bien avoir une vache comme la mienne... je vais lui proposer de me l'acheter... et bien sûr il me l'achètera... Mais je lui dirai de ne venir la prendre que demain matin, parce que, ce soir, il ne faut pas que Giroflé se doute que je vais partir... A quoi bon le lui dire ? Pour qu'il me fasse des reproches, qu'il se désole, qu'il pleure ?... Ça me ferait de la peine... Mais en ne lui disant rien... je ne verrai pas tout ça !... Seulement, par politesse, je lui laisserai un petit mot d'écrit, en lui recommandant de ne pas être inquiet de moi!... Ma pauvre vache Zozo!... Ça me peine aussi de la vendre ; mais il le faut bien, je ne peux pas l'emmener avec moi à Paris. »

Tout s'exécute comme la jeune fille l'a projeté : la vache est vendue au père Thomas, et, le soir, lorsque Giroflé vient, suivant sa coutume, tenir compagnie à Violette, il trouve celle-ci faisant comme à l'ordinaire ses petits fromages ; elle est même de meilleure humeur que les jours précédents, elle se montre plus aimable avec son amoureux ; car c'est presque toujours lorsqu'elles méditent quelque perfidie, quelque trahison, que les femmes nous reçoivent avec un doux sourire. Mais Giroflé, qui n'a pas encore d'expérience, s'en revient très-content près de son frère, et lui dit :

— Je crois que ça commence à prendre, et que ma future sera bientôt ma femme !

Au lieu de cela, Violette, après avoir reçu l'argent de sa vache, mis en poche ses petites économies, puis fait un paquet de ses effets, écrit une lettre adressée à son amoureux, et qui ne contient que ces mots :

« Mon bon Giroflé, je pars pour Paris ; il ne faut pas m'en vouloir, je m'ennuyais ici, et je sens bien que je ne vous aurais pas rendu heureux. Oubliez-moi, épousez-en une autre et ne me gardez pas rancune. Quant à ma petite maison, seul héritage de ma pauvre tante, vendez-la ce que vous pourrez, et, plus tard, vous m'en donnerez le prix. »

Après avoir signé cela, elle ferme la maison, remet la clef et la lettre à une petite voisine, en la priant de donner le tout à Giroflé; puis la jolie Violette court au chemin de fer prendre une place pour Paris.

V

LA MAISON REPIQUÉ.

C'est une fort belle boutique, magasin, si vous l'aimez mieux, dans lequel on ne fait et ne vend que des corsets. Mais il y en a de toutes les formes, de toutes les grandeurs, de toutes les tailles ; il y en a même qui ont l'heureux privilége de redresser les tailles ou du moins de masquer ce qu'elles ont de défectueux. On en fait sur mesure, on en vend de tout faits aux dames qui sont pressées ; enfin, on en envoie en province et même à l'étranger : car il n'est guère de pays où les femmes ne portent point de corsets, et ce magasin ayant la vogue, une dame ne se croirait pas bien habillée si son corset ne venait pas de chez madame Repiqué, qui a pour enseigne : *A la Poule blanche.*

Cette maison se compose d'abord de la femme et du mari ; je mets la femme en premier, parce qu'en effet, dans cette maison, c'est elle qui commande, qui ordonne, qui entreprend, qui dirige tout ; le mari n'est que le commis. Il tient les livres, la caisse, mais il lui est défendu d'y rien prendre sans la permission de madame ; et madame sait toujours, à cinq centimes près, ce qu'elle a en caisse ; tous les soirs elle en fait le compte.

M. Repiqué a bien, en plus, la surveillance du magasin ; il doit, lorsque son épouse est occupée avec une pratique, examiner si les ouvrières ne flânent point au lieu de travailler, mais ceci est une sinécure : M. Repiqué, étant fort indulgent pour ses ouvrières, ne remplit cette fonction que superficiellement ; sa besogne la plus réelle, la plus rude, ce sont les courses que sa femme le charge de faire, soit pour toucher de l'argent, soit pour aller chercher des marchandises ; quant aux corsets à livrer à des dames, ce n'est jamais lui qu'on charge de cette commission, et vous allez en comprendre la cause.

Madame Repiqué est jalouse, jalouse comme une Italienne, comme une Andalouse, enfin, comme presque toutes les femmes nées sous un ciel brûlant ; et, cependant, madame Repiqué est de Pontoise, où la température n'est pas plus élevée qu'à Paris ; mais il y a partout des exceptions.

Cette dame a maintenant quarante-cinq ans ; c'est l'âge où la jalousie tourne à la férocité, parce qu'elle ne peut plus tourner à la revanche. C'est une petite femme très-forte, brune, qui a été assez gentille étant jeune, mais qui maintenant a trop de couleurs et semble toujours étouffer parce qu'elle se serre infiniment dans son corset, voulant absolument se faire une taille mince, lorsque son embonpoint s'y oppose. Madame Repiqué conserve encore une jolie main et un assez joli bras, qu'elle met au grand jour, dès que la saison le permet; enfin, cette dame, toujours très-soignée dans sa mise, porte des petits bonnets extrêmement coquets, sous lesquels ses cheveux en bandeaux sont encore d'un assez beau noir, M. Repiqué étant, depuis quelques années, chargé d'extirper chaque cheveu blanc qui ose se montrer sur la tête de sa femme : besogne qu'il fait avec adresse, mais dans laquelle il apporte quelquefois trop de négligence.

Passons à M. Repiqué : il a deux ans de moins que sa femme. C'est toujours une faute quand madame est plus âgée que monsieur; c'est bien pis quand cette dame a du penchant à la jalousie; il n'y a pourtant, chez M. Repiqué, rien qui puisse lui faire espérer des conquêtes : c'est un petit homme maigre, sec, se dandinant sans cesse sur ses jambes, une figure en couperet, des cheveux d'un blond jaune, des yeux qui louchent, un grand nez, une grande bouche, qui, en s'ouvrant, laisse voir de longues dents fort éloignées les unes des autres, ce qui ne l'empêche pas de rire souvent, en faisant l'aimable, ceci est sa spécialité : Repiqué tient à avoir toujours l'air aimable dans son magasin.

Du reste, très-bon enfant, d'une humeur toujours égale, sans cesse disposé à rire, si sa femme n'y mettait pas ordre. M. Repiqué serait le modèle des maris, s'il n'avait pas pour le beau sexe un penchant qui lui a fait avoir bien des scènes dans son intérieur. Très-disposé à faire des infidélités à sa femme, le pauvre mari en cherche sans cesse l'occasion, mais il ne la trouve pas; d'abord, parce qu'il est fort peu séduisant par lui-même; ensuite, parce que Lucrèce, c'est le nom de sa femme, a sans cesse les yeux ouverts sur ses moindres actions.

Il y a trois demoiselles de magasin : la première, et la plus ancienne, mademoiselle Magloire, a trente ans; elle est horriblement grêlée, défigurée même par la petite vérole; elle a avec cela une épaule plus haute que l'autre, on pourrait la croire bossue sans beaucoup se tromper. Mademoiselle Magloire est depuis longtemps déjà chez madame Repiqué, car c'est ainsi que celle-ci aime ses demoiselles de boutique, elle n'en est pas jalouse; aussi la traite-t-elle avec beaucoup d'égards et daigne-t-elle quelquefois la consulter pour la coupe d'un corset.

La seconde demoiselle se nomme Ursule; elle a vingt-cinq ans, c'est un grand manche à balai, osseuse, anguleuse et boudeuse; sa figure, toujours rechignée, n'offre rien de séduisant ; elle se plaint sans cesse de l'ouvrage qu'on lui donne: elle prétend qu'on la fait travailler beaucoup plus que les autres, et, cependant, elle est d'une extrême lenteur, mais elle fait les œillets dans la perfection. Elle n'a rien qui puisse séduire, même M. Repiqué : voilà pourquoi madame lui passe son humeur, et ne la renvoie pas.

La troisième demoiselle se nomme Babiole ; elle n'a que vingt ans. Elle est petite, vive, frétillante, et, sans être positivement jolie, elle n'est pas désagréable ; elle ne demande qu'à rire, et pour le moindre mot, la cause la plus légère, elle se livre à sa gaieté naturelle. Voilà bien des motifs pour déplaire à madame Repiqué ; mais la petite Babiole travaille vite et bien, elle fait prestement les courses, porte les corsets aux dames, et sait parfaitement les leur essayer ; si bien que beaucoup de pratiques ne manquent pas de dire à madame Repiqué : Vous m'enverrez mon corset par votre petite Babiole, il n'y a qu'elle pour bien nous lacer... Je ne veux pas de votre affreuse Magloire, elle me fait peur ! ni de ce grand canon de fusil, que vous appelez Ursule, et qui est toujours de mauvaise humeur.

Ces discours-là forçaient en quelque sorte la jalouse Lucrèce à garder chez elle la petite Babiole, qui, au reste, se moquait franchement des œillades que M. Repiqué lui lançait à la dérobée, et des soupirs qu'il poussait chaque fois qu'il se trouvait près d'elle ; ce qui n'empêchait pas madame de surveiller sans cesse son volage époux, de ne point le perdre de vue un instant, lorsqu'elle le voyait s'approcher de la petite Babiole, et de savoir par un mot énergique le rappeler à l'ordre lorsqu'il semblait vouloir lui parler.

Il est trois heures de l'après-midi ; une belle dame vient de sortir du magasin de corsets, en disant à madame Repiqué :

— Je compte sur mon corset pour après-demain ; vous me l'enverrez par mademoiselle Babiole : je tiens essentiellement à ce que ce soit elle qui me l'essaye.

La dame est partie. Madame Repiqué murmure entre ses dents quelques paroles qu'on n'entend pas. La grande Ursule fait la moue, mademoiselle Magloire conserve une physionomie impassible, et M. Repiqué, qui se promène dans le magasin en ayant l'air de tailler un crayon, s'approche d'un air indifférent du comptoir où Babiole est assise, en lui disant :

— Vous entendez, mademoiselle Babiole, vous irez après-demain porter le corset élastique chez madame Perdrinot ?

— Oui, monsieur, oui, oh ! j'irai avec plaisir ; elle est très-aimable, cette dame-là...

— Savez-vous son adresse ?... C'est rue Joubert... numéro... numéro...

— Mais de quoi vous mêlez-vous, monsieur, de quoi vous mêlez-vous ! s'écrie Lucrèce qui trône à son comptoir et lance à son mari des regards furibonds. Depuis quand a-t-on besoin de vous pour savoir l'adresse d'une pratique?... Mademoiselle ira chez madame Perdrinot si ça me convient de l'y envoyer, cela ne vous regarde pas...

— Pardon, bobonne!... mais c'est cette dame elle-même qui désire que ce soit mademoiselle qui...

— Assez, monsieur, assez! vous dis-je... D'abord, qu'est-ce que vous faites ici à flâner, au lieu d'être à vos livres de caisse?

— Ma chère amie, je ne flâne pas... je taille mon crayon...

— Voilà deux heures que vous le taillez votre crayon! Vous avez donc bien de la peine à en venir à bout?...

— Ce n'est pas ma faute... il ne fait que casser... c'est de mauvaise qualité... ceux de *Mangin* valaient mieux... Pauvre *Mangin!*... il est mort; je ne sais pas qui est-ce qui porte son casque à présent.

Mademoiselle Babiole part d'un éclat de rire, auquel M. Repiqué répond par un sourire. Madame les examine et fronce les sourcils, en reprenant :

— C'est apparemment pour faire rire mademoiselle Babiole et lui dire de ces jolies choses-là que vous tournez depuis deux heures devant elle?...

— Comment je tourne devant Babiole... par exemple!...

— Monsieur, je vous ai défendu de dire Babiole tout court; je ne veux pas de ces familiarités-là quand vous parlez à ces demoiselles... c'est très-mauvais genre!... Et vous, mademoiselle Babiole, je trouve très-ridicule que vous vous mettiez à rire de ce que dit monsieur...

— Mon Dieu! madame, monsieur parlait du casque de Mangin... j'ai trouvé ça drôle!

— Imitez vos camarades, mademoiselle; voyez... elles ne rient jamais, elles!

— Chacun son caractère, madame, il y a des personnes qui ont toujours l'air d'avoir envie de pleurer... j'aime mieux rire, moi; il me semble que cela ne fait de mal à personne!

— Et moi, mademoiselle, il me semble que c'est fort mauvais ton, et, dans un magasin bien fréquenté comme le mien, on doit savoir se tenir! Vous n'êtes pas ici chez des modistes!

— Madame, il y a des modistes qui ont de fort bonnes manières et se tiennent aussi bien que d'autres...

— C'est bon, mademoiselle! Oh! je sais bien qu'avec vous on n'aura jamais le dernier! Vous croyez que vous pouvez tout vous permettre, parce que mon mari vous protége; mais je vous ferai voir que je suis seule maîtresse ici.

— Monsieur me protége? Ah! je ne m'en étais pas encore aperçue! Elle est jolie la protection de monsieur Repiqué, qui n'a pas le droit de regarder aux carreaux sans permission!...

Le mari volage avait depuis longtemps quitté la boutique pour retourner à sa caisse, établie dans un cabinet à part. Madame Repiqué passe aussi dans son arrière-boutique, en murmurant :

« Ah ! si cette péronnelle ne m'était pas si nécessaire... mais, patience !... patience !... » Puis, s'arrêtant devant une glace qui se trouve sur son chemin, la jalouse Lucrèce se regarde, se mire, s'examine, semble se dire : « Pourtant je suis encore très-bien ! » Mais tout à coup elle aperçoit quelque chose qui lui fait pousser un cri, et appelle à plusieurs reprises Florestan.

Florestan, c'est le petit nom de M. Repiqué, accourt près de sa femme, tout inquiet :

— Qu'y a-t-il, bonne amie... vous m'appelez ?...

— Sans doute je vous appelle !... Ce qu'il y a ! ce qu'il y a, monsieur ! que vous êtes sans soins, sans attention, et d'une négligence impardonnable quand il s'agit de votre femme !... Allons, monsieur, ôtez-le-moi bien vite...

— Tu veux que je te l'ôte...

— Et dépêchez-vous, cela devrait déjà être fait !

— Mais d'abord explique-toi !... Je n'y suis pas du tout ! Qu'est-ce que tu veux que je t'ôte ?

— Un cheveu blanc, monsieur, un cheveu blanc qui est extrêmement en vue... là, dans mes bandeaux, à gauche...

— Ah ! c'est, ma foi, vrai !... Je ne comprends pas comment ce matin il a pu échapper à mon inspection...

— Cela prouve que vous la faites fort mal votre inspection !... Ah ! Florestan !... Florestan, comme vous me négligez !...

— Mais, pas du tout; je t'assure que je fais la plus grande attention... Ce cheveu était sans doute caché sous les autres ce matin... Tu en as encore tant!

— Comment encore? pourquoi encore?... Qu'entendez-vous par cet encore? Est-ce que vous trouvez que je devrais déjà être chauve?

— Mais, non!... ce n'est pas cela que j'ai voulu dire!... Tu prends toujours les choses en sens inverse!... Je te disais : « Tu as toujours de si beaux cheveux noirs... et en si grande abondance... » Crac!... le voilà ôté ce perfide, qui ose se faufiler parmi cette ébène...

— Regardez bien s'il n'y en a pas d'autres...

— D'autres! Oh! jamais!... je voudrais bien voir!... Ah! si... en voilà encore un tout petit... Je vais t'extirper, misérable!...

— Aïe!... Ah! que vous m'avez fait mal...

— C'est qu'il tenait ferme.

— Montrez-moi donc cela... Qu'est-ce que je vois!... Avec un cheveu blanc vous m'en avez arraché deux superbes noirs!...

— Ils seront venus d'eux-mêmes apparemment... Je ne les ai pas touchés...

— Venus d'eux-mêmes!... Oh! vous les avez bien arrachés, car vous m'avez fait un mal horrible... Eh bien! c'est joli... vous m'arrachez mes cheveux noirs à présent... je ne m'étonne pas si vous êtes surpris que j'en aie encore tant... C'est affreux cela, monsieur!...

— Je t'assure, bobonne... que je ne sais pas comment cela s'est fait...

— C'est que vous pensiez à mademoiselle Babiole, probablement.

— Allons, bon! voilà encore Babiole sur le tapis...

— Est-ce que vous croyez que je ne vois pas les yeux que vous lui faites?... Il faudrait que je fusse aveugle... Dès que vous êtes dans la boutique, c'est pour la lorgner...

— Pardon, ma chère Lucrèce, tu es dans l'erreur : tu sais bien que je louche un peu; ce n'est pas ma faute si j'ai un œil du côté de Babiole, lorsqu'au contraire je regarde dans la rue.

— A d'autres, monsieur! Ce n'est pas à moi qu'il faut dire cela! Et qu'a-t-elle donc cette petite chipie pour que vous lui fassiez des yeux blancs!

— Allons! je lui fais des yeux blancs, à présent!

— C'est qu'elle n'est pas jolie du tout... des yeux percés avec une vrille... une bouche bête... un nez en pied de marmite... un front bas!

— C'est vrai; oh! c'est bien là son portrait... il est parlant!

— Mais mademoiselle a un petit air effronté! elle rit dès qu'on la regarde! voilà ce qui donne dans l'œil à ces messieurs!

— Ça ne me donne nulle part, je t'assure...

— Ah! si cette grande sotte d'Ursule savait essayer les corsets... i elle ne faisait pas tout de si mauvaise grâce, il y a longtemps que j'aurais mis mademoiselle Babiole à la porte !...

— Alors, tu en prendrais une autre, car nous n'avons pas trop de trois demoiselles... notre commerce s'étend chaque jour davantage... Tu le sais bien, puisque tu as consenti à prendre encore cette personne qui t'est recommandée par mesdames de Boucherose et Trafalgar... et qui doit nous arriver de la campagne au premier jour.

— Oui, monsieur, oui, je prends cette jeune villageoise... Ces dames m'ont répondu de sa vertu, de sa sagesse...

— Ah ! ces dames... Eh ! eh ! eh !

— Pourquoi cela vous fait-il rire, monsieur ?

— Ma chère amie, c'est, qu'entre nous, ces dames... enfin, je ne veux pas en dire du mal, ce sont de nos meilleures pratiques !... Mais...

— Taisez-vous, Florestan, vous êtes un mauvais sujet ! Enfin, cette jeune Violette qui arrive de son village n'aura pas, je pense, le ton déluré et toutes les rouéries de mademoiselle Babiole ; elle n'est jamais venue à Paris...

— Alors, elle ne pourra pas faire les courses.

— Ce n'est pas pour cela que je la prends. Mais il me manque quelque chose d'indispensable et que l'on trouve chez toutes mes rivales en corsets...

— Ah ! certainement, je te l'ai dit cent fois ! Il te faut une demoiselle bien faite, à laquelle tu fais porter les nouveaux corsets que tu inventes... une fille mannequin, voilà comment cela s'appelle... On lui met, tantôt les corsets qui engraissent, tantôt ceux qui amincissent, qui pincent considérablement la taille... et les dames, qui peuvent juger de l'effet du corset sur nature, aiment beaucoup mieux cela...

— Je le sais, monsieur; oui, je prends cette jeune paysanne que l'on m'a dit être très-bien faite... et sage... vous entendez, monsieur? sage...

— Oui, oui! Eh! mon Dieu! je n'ai pas besoin que tu appuies là-dessus !... je n'ai pas l'intention de la séduire!

— Au reste, j'y veillerai... Je ne sais pas si elle est jolie! cela m'est parfaitement égal!

— Et à moi, donc!

— Ce qui m'importe, c'est que sa taille se prête à tout ce que je veux lui faire porter. Je ne puis pas essayer mes inventions sur Magloire...

— Je le crois bien, elle est bossue!

— Non; pas bossue, monsieur, mais un peu contrefaite! Ursule est si grande, que, sur elle, rien n'a de grâce... Quant à mademoiselle Babiole, votre protégée, elle n'est bonne qu'à faire les courses, et je ne veux pas que l'on sorte avec mes nouveaux corsets plastiques : il me fallait donc absolument quelqu'un pour me servir de mannequin, et c'est cet emploi que je réserve à la jeune fille que l'on m'a recommandée. Je vous réitère, Florestan, l'injonction de conserver toujours un ton réservé avec cette nouvelle apprentie, et de ne vous permettre avec elle aucune familiarité !

— On s'y conformera !

Et M. Repiqué retourne à sa caisse en se disant :

« Si elle pouvait être jolie, cette campagnarde, je lui ferais de l'œil... Cela rendrait Babiole jalouse, et peut-être qu'alors... On ne sait pas ! »

VI

VIOLETTE A PARIS.

La demoiselle destinée à servir de mannequin arrive beaucoup plus tôt qu'on ne l'attendait; mais nous avons vu que Violette n'avait pas perdu de temps, et qu'aussitôt après la visite de Toinon de Boucherose, elle avait vendu sa vache et s'était hâtée de partir pour Paris.

Madame Repiqué demeure toute surprise en voyant entrer dans son magasin une belle jeune fille qui n'a pas l'air trop empruntée, qui n'est ni gauche ni embarrassée, et dont la mise est plutôt celle d'une grisette que d'une paysanne. Cette jeune fille qui est extrêmement jolie, bien faite, ni trop grande ni trop petite, tient sous son bras un paquet assez volumineux, et salue gracieusement la maîtresse de la maison, en disant :

— Est-ce à madame Repiqué que j'ai l'honneur de parler?

— Oui, mademoiselle... Et vous êtes?

— Violette Moutin, du village de Saint-Jean-aux-Bois; c'est madame Toi... je veux dire madame de Boucherose qui m'a dit que je pourrais me présenter ici, où l'on voulait bien m'employer.

— Ah! vous êtes la... villageoise qui m'a été recommandée par ces dames?... En effet, je vous attendais, mademoiselle ; mais vous n'avez pas du tout l'air d'une campagnarde !... Il est vrai que depuis que nous avons de tous côtés des chemins de fer, il n'y a presque plus de paysannes...

Et madame Repiqué passe Violette à l'inspection, et cette inspection est infiniment plus sévère que celle à laquelle se livre Florestan, lorsqu'il cherche les cheveux blancs à sa femme. Le résultat n'en est pas favorable à la jeune fille, justement parce que celle-ci est extrêmement jolie, et qu'on prévoit qu'elle allumera bien des passions, fera naître bien des désirs; mais comme la promesse était faite, il n'y avait pas moyen d'y manquer; puis, enfin, pour faire briller ses corsets, pour donner de la vogue à son magasin, Violette était bien la personne qu'il lui fallait. Madame Repiqué s'efforce donc de prendre un air aimable en répondant à la nouvelle venue :

— C'est très-bien, mademoiselle, je suis toute

disposée à vous employer chez moi... Ma maison est tenue sur un excellent pied ; je pense que vous saurez vous y conformer. Je ne vous recommande pas la vertu, la sagesse, on m'a dit que vous aviez tout cela...

— Oh! certainement, madame...

— Ce n'est pas ici que vous prendrez de mauvaises manières... surtout si vous êtes toujours attentive à votre travail, et ne bavardez pas sans cesse avec celles... qui chercheraient à vous déranger de votre ouvrage !

— Pan! attrape ! c'est pour moi cela !... pense Babiole, qui, en examinant la nouvelle compagne qu'on leur donne, se dit encore : « Oh ! tu ne resteras pas longtemps ici, toi, ma chère amie, tu es trop jolie pour cela! »

— Madame me logera aussi, à ce qu'on m'a dit ? reprend Violette, en posant son paquet sur un comptoir, tandis que les deux autres demoiselles du magasin la regardent en dessous, et font la grimace parce que sa gentillesse va encore faire ressortir leur laideur.

— Oui, mademoiselle, oui... je compte vous loger; cela vaut beaucoup mieux pour vous qui ne serez pas exposée à coucher dans quelque méchant hôtel garni, où les jeunes filles sont rarement en sûreté... Je pense que vous n'avez pas apporté de meubles avec vous ?

— Oh! non, madame, voilà tout mon bagage...

— J'ai là-haut... une petite chambre ; elle est fort petite, mais, pour coucher, c'est tout ce qu'il faut... Vous y serez à côté de deux de vos compagnes, mesdemoiselles Magloire et Ursule, qui logent dans une chambre sur le même carré... Quant à mademoiselle Babiole, elle ne loge pas ici... Je crois que cela lui convient mieux, et à moi aussi !...

— Oh ! oui, madame ! s'écrie Babiole, je suis très-contente d'avoir mon chez moi ! D'ailleurs, je ne suis pas dans un hôtel garni ; j'ai ma chambre, je suis dans mes meubles !

— C'est bien, mademoiselle, on ne vous demande pas tout cela... S'il fallait savoir d'où vous viennent vos meubles... je crois que cela nous mènerait loin !...

— Pas plus loin que chez le tapissier, madame, qui me les a vendus payables par tempérament !

En ce moment Florestan, qui de sa caisse a entendu une voix étrangère, accourt dans le magasin, et, en apercevant Violette, ébloui par sa beauté, ne peut s'empêcher de demeurer comme saisi, en murmurant :

— Ah bigre ! la jolie fille !

— Qu'est-ce qu'il y a, monsieur ? qu'est-ce qui vous prend ? dit Lucrèce en se tournant vers son mari. Vous avez juré, je crois !... Quel est ce nouveau genre ?...

— Ma chère amie, j'ai dit... « Ah bigre ! » en effet, parce que je me suis fait mal en posant le pied ici... Il faut qu'il y ait un clou dans le parquet... je crois même que j'ai déchiré ma bottine.

— Et que venez-vous faire ici ? On n'avait pas besoin de vous... je ne vous avais pas demandé.

— Je suis venu parce que j'ai entendu qu'il vous arrivait la personne que nous attendions... Il me semble que c'est bien le moins que je connaisse mon personnel !

— Vous êtes bien pressé !... Vous aviez bien le temps de voir mademoiselle...

— Et puis, tu as parlé de loger mademoiselle... Si tu veux, je vais la conduire à sa chambre, afin qu'elle puisse y déposer ses effets et se reposer si elle est fatiguée.

— Non, monsieur, non, vous ne conduirez pas mademoiselle à sa chambre ; ce n'est pas vous que je chargerai de ce soin. Retournez donc à votre bureau ; je vous ai déjà dit que votre place n'était pas ici, où je ne reçois en général que des femmes, et où vous gênez au lieu d'être utile !...

— Je gêne... je gêne !... c'est ridicule ce que tu dis là !... Une autre fois, je ne viendrai pas quand on m'appellera et qu'on aura besoin de moi !

M. Repiqué quitte le magasin en murmurant ; madame n'y fait pas attention, et dit à la grande perche placée à son comptoir :

— Mademoiselle Ursule, conduisez mademoiselle Violette à la chambre qui est sur votre carré, à votre gauche.

— A la chambre... quelle chambre? Je n'en connais pas là-haut, répond mademoiselle Ursule avec l'air de mauvaise humeur qui lui est habituel.

— Comment! vous ne connaissez pas la porte à côté de la vôtre?...

— Ah! le cabinet alors?

— C'est une chambre, mademoiselle, puisqu'il y a une fenêtre...

— Oui... une fenêtre à tabatière... dans le toit!...

— A tabatière ou autrement, c'est toujours une fenêtre...

— Je croyais que madame ne mettait là que son linge sale?

— Vous ne savez dire que des bêtises, mademoiselle. La portière a dû y monter tout ce qu'il faut pour coucher ma nouvelle apprentie; faites donc ce que je vous dis, sans y ajouter vos réflexions dont nous n'avons pas besoin. Vous, mademoiselle, reprenez votre paquet, suivez ma seconde demoiselle... Rangez vos affaires dans votre chambre... reposez-vous un peu, si vous êtes fatiguée, puis redescendez au magasin.

Violette fait un grand salut à madame Repiqué, dont le ton aigre et les regards sévères ne lui promettent pas une position bien agréable. Elle suit mademoiselle Ursule qui sort par le fond, traverse l'arrière-boutique et ouvre une porte qui donne sur une cour assez belle, dans laquelle on aperçoit deux escaliers : un fort large, fort beau, pour les principaux locataires, et un étroit et sombre, nommé l'escalier de service. C'est vers celui-là que se dirige la grande Ursule, en disant à Violette :

— A présent, il faut avoir de la respiration ! Six étages à monter, rien que ça!...

— Six étages !

— Et qui ne sont pas petits; vous allez voir!

— Au village, les maisons les plus hautes n'ont que deux étages !...

— Le village et Paris, ça ne se ressemble pas...

— Oh! je l'ai bien vu en cherchant cette rue... comme c'est grand !... Que de monde qui va et vient! les belles boutiques... que de voitures qui se croisent!...j'en étais tout étourdie...Ah! c'est bien beau!...

— Oui; aussi tous les jours il arrive des accidents dans les rues... Les piétons sont écrasés par les voitures... ou bien bousculés par des filous... On se jette sur vous, on vous pince, on vous vole, vous n'y voyez que du feu...

— Ah! ce n'est pas là ce qu'on m'a dit de Paris... On m'en a fait un tableau charmant, à moi !...

— Ah! dame! ça dépend de la conduite qu'on veut y mener... Ouf! encore deux étages !

— Est-ce que vous avez été pincée et volée, vous, mademoiselle?

— Non, parce que je ne m'y expose point; pour tout l'or du monde, vous ne me feriez pas sortir seule le soir dans Paris... Enfin, nous y voilà!... Il n'y a plus d'étage au-dessus, sans cela on nous y aurait nichées.

Tenez, mademoiselle, voilà votre porte... la clef est après... ce qui prouve qu'on n'avait pas peur qu'on vînt voler ce qu'il y a là-dedans... Vous allez voir votre belle chambre.

Violette ouvre la porte et voit un tout petit réduit carré. Un lit de sangle occupe le fond de la chambre, et, devant ce lit, il n'y a que juste la place d'une petite table et d'une chaise. Cette soi-disant pièce est éclairée par une fenêtre à tabatière donnant au-dessus du lit, et dont on soulève le châssis par une tringle qui pend contre l'unique matelas servant de couchette.

— Ah! mon Dieu! que c'est petit... que c'est vilain! s'écrie Violette en restant sur le seuil de la porte.

— Et madame ose appeler cela une chambre! dit Ursule. Vous voyez bien que j'avais raison de dire que c'était un cabinet!

— Moi qui avais dans mon village tant d'air à respirer! tant de place pour aller et venir!...

— Alors, pourquoi l'avez-vous quitté, votre village?

Violette ne trouve pas de réponse, ou ne veut pas en faire. Elle se décide à entrer dans la chambre, en disant :

— Après tout, je ne serai guère ici que pour coucher... il ne faut donc pas me plaindre...

— Et puis, vous vous plaindriez que ce serait absolument la même chose!... Madame Repiqué n'écoute personne ici.. c'est elle seule qui est maîtresse... Vous avez déjà pu voir comment elle traite son mari...

Oh! Dieu! si j'étais homme, ce n'est pas moi qui me laisserais traiter comme ça! C'est honteux... un homme réduit à l'état d'esclave!...

— Ah! ce monsieur que j'ai vu... c'est le mari de madame?

— Sans doute, c'est M. Repiqué.

— Il est bien laid!

— Il n'est pas beau, c'est vrai; ce qui ne l'empêche pas de faire le séducteur... et si on voulait l'écouter,.. mais on ne l'écoute pas!

— Je le crois sans peine... il a l'air d'un singe!...

— Il n'y a que la troisième du magasin... mademoiselle Babiole, qui ne craint pas de rire avec lui... de l'agacer, de lui faire de l'œil!

— Vraiment... vous croyez? Cette jeune personne qui est gentille?...

— Gentille! Babiole! Ah! par exemple... vous l'avez bien mal vue... une tête de faïence, de rat... des mains toujours rouges!... sentant l'échalotte quand elle arrive le matin!... Elle n'a rien pour elle!... Du reste, c'est un très-mauvais sujet... une coureuse... on en sait sur son compte!... Je suis bien persuadée que madame ne la gardera pas longtemps... elle a surpris ses manœuvres avec monsieur... Aussi elle n'est ici que pour faire les courses.

— Alors elle n'apprend pas l'état de corsetière?

— Elle s'en fiche pas mal... elle a d'autres intentions... elle espère toujours faire une riche conquête! Et alors... adieu la boutique, elle filera bien vite!...

Mais les riches conquêtes n'arriveront jamais... elle a trop mauvais ton pour être lorgnée par un homme comme il faut ! Quant à vous, mademoiselle, vous savez à quoi on vous destine ?

— Mais je pense que l'on m'apprendra à travailler comme vous... à faire des corsets ?

— Non, ce n'est pas pour cela que l'on vous a prise ici ; votre affaire, à vous, sera de servir de mannequin !

— De mannequin ! Qu'est-ce que cela veut dire ?

— Cela veut dire que madame vous fera mettre les nouveaux corsets qu'elle invente : les uns pour engraisser, les autres pour maigrir ; avec les uns vous avez l'air d'avoir une gorge prépondérante, avec les autres vous êtes mince, svelte comme une petite fille de douze ans... On n'est pas du tout à son aise dans ces corsets-là ! mais, vous comprenez, cela séduit les dames qui veulent faire fine taille. On vous posera contre les vitres de la rue ; vous serez obligée de vous tenir bien droite... d'abord le corset vous y forcera, et cela s'appelle servir de mannequin.

— Mais cela ne m'amusera pas du tout, cela... Ah ! c'est là ce qu'on veut faire de moi ?...

— J'en suis sûre ; j'ai bien entendu ce que monsieur et madame disaient à votre sujet... D'abord moi j'écoute et j'entends tout ce qu'on dit !...

— Mais les mannequins, je croyais que c'était en paille ?...

— Certainement on en a souvent ainsi ; mais les

mannequins nature, cela produit bien plus d'effet. Les pratiques entrent dans le magasin ; on vous fait marcher, aller, venir, vous pencher, vous courber devant elles ; elles peuvent juger que le corset ne bouge pas, qu'il ne gêne pas les mouvements... et on les vend un prix exorbitant. Oh ! les marchands savent bien ce qu'ils font !... Il faut que je redescende... je suis certaine qu'on va me gronder et dire que j'ai été bien longtemps !... Mais comme madame bougonne toujours, un peu plus, un peu moins, cela m'es très-égal... Au revoir, mademoiselle Violette ; vous pouvez vous carrer dans votre chambre... vous avez tout sous la main... Ah ! diable ! on a mis sur votre table une cuvette et un pot à eau... et dessous une caisse pour vous servir d'armoire, de bahut ! Quel luxe !... On voit bien que vous êtes recommandée par de grosses pratiques.

La grande Ursule est redescendue. Violette regarde autour d'elle, soupire et se dit : « Mannequin !... je servirai de mannequin !... Toinon ne m'avait pas dit cela... Mais cette grande fille qui est si bavarde et qui n'a pas l'air bon, a peut-être voulu se moquer de moi... Après tout, mettre un corset qui vous avantage, qui fait qu'on admire votre taille, ou vos appas... ça ne peut pas être si désagréable... On me mettra tout près des vitres du côté de la rue... Tant mieux ! je verrai le monde passer, ça m'amusera... on me regardera... on me trouvera jolie... Tiens, au fait, je ne serai pas fâchée de faire le mannequin ! »

VII

LA FILLE MANNEQUIN.

Violette n'a pas tardé à redescendre au magasin; elle est curieuse de savoir ce qu'on lui fera faire. Madame Repiqué la fait placer à la droite de la petite Babiole, qui, de cette façon, ne se trouve plus près du vitrage, mais qui se recule sans montrer de mauvaise humeur, et dit tout bas à sa nouvelle voisine :

— On a raison de vous mettre en vue... Au moins, on verra une jolie figure dans la boutique, et, franchement, ça manquait !

Violette ne répond rien, elle se contente de sourire; mais déjà elle trouve Babiole infiniment plus aimable que la grande Ursule, et se sent très-disposée à en faire son amie, bien qu'on lui ait dit que c'était un mauvais sujet; mais cette qualification fait rarement du tort près des femmes.

Madame Repiqué donne à sa nouvelle apprentie des étoffes à coudre, puis des œillets à faire dans les corsets; elle veut juger ce dont elle est capable, et ne lui confie d'abord que des ouvrages de peu de valeur, ne se flattant pas de trouver bien fait ce qui sortira des mains d'une fille de la campagne, qu'elle ne compte faire servir chez elle que comme mannequin. Elle est donc fort surprise de voir que Violette coud très-bien, que ses œillets sont parfaitement bordés, et qu'enfin son ouvrage peut aller de pair avec ce que font ses meilleures ouvrières. Mais, comme c'est l'usage des patrons, elle se garde bien de complimenter Violette sur son travail, se borne à lui dire que ce n'est pas mal, et qu'avec ses leçons on fera d'elle quelque chose. Cette première journée s'écoule assez tristement : on se regarde, on s'examine. Quand monsieur et madame Repiqué (qui dînent toujours avant leurs ouvrières) sont à table, Babiole commence à causer avec sa nouvelle voisine, qui est bien aise de trouver quelqu'un avec qui parler.

Quand vient le tour de ces demoiselles d'aller se mettre à table, on leur laisse si peu de temps pour prendre leur repas qu'elles n'ont pas alors un moment pour causer.

Le soir, vers dix heures, Babiole salue et s'en va.

— Vous ne couchez donc pas ici? dit Violette.

— Non, j'ai mon chez moi, et j'aime mieux ça.

« Il est certain, se dit Violette, en montant à son cabinet à tabatière, que ce doit être bien plus agréable de coucher chez soi... dans une vraie chambre!... Enfin... tâchons de dormir bien vite... Pauvre Girofle! que doit-il dire en ce moment?... Il a bien du chagrin sans doute... mais il se consolera... Et puis, Toinon et Marjoleine ne m'ont-elles pas assuré que j'étais trop jolie pour vivre dans un village? »

Violette se couche et s'endort vite parce qu'elle est fatiguée, qu'elle a vingt ans et qu'elle n'est point amoureuse.

Le lendemain, elle est la première au magasin, et trouve qu'on se lève bien tard à Paris.

Cette journée s'écoule comme la précédente : Violette coud, pique, borde des œillets, et quelques jours s'écoulent ainsi sans qu'on lui parle de faire le mannequin.

Florestan ne peut s'empêcher de venir rôder plus souvent dans le magasin depuis que la jolie villageoise a pris place à l'un des comptoirs. Il trouve sans cesse quelque prétexte pour avoir affaire dans la boutique : il y oublie son mouchoir, il y perd sa plume, il y laisse son canif, et, chaque fois, tout en faisant semblant de chercher ce qu'il dit avoir perdu, il lance à sa nouvelle demoiselle des regards qu'il veut rendre fascinants; malheureusement, il y a toujours un de ses yeux qui regarde ailleurs que son collègue, et comme M. Repiqué met dans tous les deux la même expression, la même flamme, il s'ensuit qu'en ne voulant exprimer son admiration qu'à Violette, il en fait autant, soit à Ursule, soit à Babiole, et quelquefois même son autre regard va se perdre sur la bosse de mademoiselle Magloire.

La jalouse Lucrèce remarque la conduite de son mari. Elle n'est pas dupe des prétextes qu'il prend pour venir rôder près de la nouvelle apprentie ; déjà, plusieurs fois elle lui a dit :

— Mon Dieu! monsieur, vous avez donc bien peu de soin maintenant que vous oubliez toutes vos affaires et venez les chercher ici?...

— Ma chère amie, tu sais que j'ai toujours été un peu distrait...

— Oui, oui! Oh! je sais fort bien pourquoi vous avez des distractions.

Cependant madame Repiqué ne veut pas déjà laisser voir à sa nouvelle demoiselle qu'elle est jalouse d'elle et craint que son volage époux ne lui fasse les yeux doux ; c'est pourquoi elle prend des détours pour se faire comprendre de son mari. Mais, un matin, l'enflammé Florestan n'ayant plus trouvé de motif pour aller dans le magasin, où sa femme ne cesse de lui répéter qu'il n'a pas affaire, et ce monsieur, brûlant du désir de darder ses prunelles sur la charmante Violette, il se décide à faire une action héroïque, une action digne des anciens chevaliers, qui n'hésitaient jamais à verser leur sang pour la dame de leurs pensées, il se pique, ou plutôt il se coupe bien légèrement le bout de l'index gauche avec son canif; quelques gouttes de sang paraissent. Alors M. Repiqué se précipite dans le magasin, en s'écriant d'un air effrayé :

— Je suis blessé!... Ah! sapristi... mon sang coule!... Je crois que je vais me trouver mal!... Je ne puis pas voir mon sang!... C'est plus fort que moi... Celui d'un autre, ça ne me fait rien... mais, le mien... ça me va au cœur !

Et Florestan se laisse aller sur une chaise qui est justement devant l'endroit du comptoir où se tient Violette. Tout le monde s'empresse autour de celui que l'on croit blessé. Sa femme accourt une des premières, en disant :

— Voyons... qu'est-ce que c'est?... Blessé!... Ah! je respire à peine!... Mais... où donc cela?... Florestan, où donc?... Montrez-nous donc votre blessure!...

M. Repiqué avait enveloppé sa main gauche avec son mouchoir; il hésitait beaucoup à faire voir sa blessure, en murmurant toujours :

— Je ne puis pas voir mon sang!... C'est plus fort que moi!...

Mais Lucrèce s'empare du bras, débarrasse la main du mouchoir qui l'entortillait, et sur lequel on aperçoit deux petites gouttelettes de sang; quant à la blessure, elle était déjà fermée, le linge l'avait cicatrisée si bien, que madame regarde la main de tous côtés, et s'écrie :

— Mais, qu'est-ce que cela veut dire, monsieur? Je ne vois rien du tout à votre main, pas la moindre petite égratignure ! C'est donc pour vous moquer de nous ou pour vous rendre intéressant que vous avez fait semblant d'être blessé ?

— Comment ! fait semblant ?... Du moment que mon sang a coulé, ce n'est pas pour rien... C'est mon doigt... mon index gauche qui est entamé...

— Ah ! c'est pour cette petite coupure ?... Je vous conseille de vous dire blessé, pour une coupure si légère, et qui est déjà fermée !...

— Vous croyez qu'elle est fermée ?... Je ne crois pas, moi.

— Eh bien ! on va vous mettre un petit morceau de taffetas ciré dessus, et il n'y paraîtra plus.

— Ah ! oui, si mademoiselle veut avoir la bonté de m'arranger cela...

Et Florestan étend son bras sur le comptoir de Violette, en la regardant d'un œil languissant. Mais madame Repiqué a bien vite changé la position du bras, qu'elle tire brusquement à elle, en s'écriant :

— Et pourquoi vous adressez-vous à mademoiselle pour fermer cette coupure ? Est-ce que vous croyez, par hasard, qu'elle est arrivée de son village avec du taffetas d'Angleterre dans ses poches ?

— Ma bonne amie... je ne dis pas... mais il n'y aurait rien d'étonnant ! On se coupe à la campagne aussi bien qu'à la ville, on se coupe même plus souvent, parce qu'on taille des arbustes, des branches, des...

— Assez, monsieur!... Tenez, voilà votre énorme blessure fermée... Et comment vous êtes-vous coupé le doigt?

— Comment? Mais tout naturellement, en taillant une plume... mon canif a glissé...

— Votre plume?... Mais, depuis trois jours, vous avez jeté vos dernières plumes d'oie, en disant que vous ne vouliez plus, désormais, vous servir que de plumes de fer...

— C'est vrai... oui... en effet...

— Est-ce qu'on taille les plumes de fer?

— J'ai voulu essayer... mais, comme tu vois, ça ne m'a pas réussi!...

Lucrèce se tait; mais elle fait signe à son mari de la suivre dans l'arrière-boutique, ce qu'il ne fait qu'après avoir encore essayé de regarder Violette. Lorsqu'il est en tête-à-tête avec sa femme, celle-ci se pose devant lui comme si elle voulait lui marcher sur les pieds, et, d'un ton sévère, murmure :

— Est-ce que vous croyez que je suis votre dupe monsieur?

— Ma dupe? Comment, bobonne, je n'y suis pas du tout!...

— Monsieur Repiqué, savez-vous que vous êtes un profond scélérat?... que vous avez des ruses dignes d'un Cartouche, d'un Mandrin?...

— Moi ? j'ai des ruses de voleur ? Par exemple ! moi qui n'ai jamais dérobé une épingle à personne...

— Oh ! non, ce n'est pas d'une épingle que vous avez envie. Ah ! vous vous coupez le doigt afin d'avoir un motif pour venir dans le magasin et faire de l'œil à ma nouvelle ?... Car ce n'est plus Babiole... c'est Violette maintenant qui vous séduit... Peste ! monsieur, vous en tenez donc terriblement pour cette jeune fille ?... au point de vous blesser pour la voir ?... Monstre ! Vous ne vous êtes jamais rien coupé pour moi !

— Quoi ! bobonne, tu peux supposer !... La jalousie t'égare ! Je te jure...

— Assez, monsieur ; écoutez bien ce que je vais vous dire : Cette Violette travaille bien, elle peut m'être très-utile, je ne vous le cache pas... mais si je remarque entre elle et vous la moindre connivence, la plus petite familiarité... je la mets à la porte sur-le-champ !...

— Mon Dieu ! tu te mets dans la tête des choses...

— Vous m'avez entendu ?... Au reste, je crois cette jeune fille sage, et puis, elle a dit à Ursule que vous aviez l'air d'un singe... Cela m'a fait plaisir ; je suis bien aise qu'elle ait cette opinion de vous !

— Ah ! elle a dit que j'avais l'air ?...

— Oui, monsieur, oui !... A présent, allez vous couper le doigt pour elle !... Allez, beau singe... on se moquera de vous, et on aura bien raison !...

Florestan ne répond plus et il retourne à sa caisse, persuadé que sa femme lui ment, et que Violette n'a pas tenu le propos qu'on vient de lui rapporter.

Pendant que cette conversation avait lieu dans l'arrière-boutique, les demoiselles chuchotaient dans le magasin ; Babiole disait tout bas à Violette :

— Je suis sûre que, dans ce moment, madame fait une scène à monsieur !

— Vous croyez ? Et c'est parce qu'il s'est coupé ?

— Laissez donc ! Sa coupure, c'est une frime... pour venir près de nous... pour loucher à votre intention... Vous lui avez tourné la tête, à ce pauvre patron !...

— Vous croyez ?

— C'est bien visible ; ça fait que j'en suis un peu débarrassée... C'est une obligation que je vous ai...

— Il m'ennuie beaucoup en ne faisant que me regarder sans cesse... S'il savait comme je le trouve vilain !

— Madame le sait, et c'est ce qui fait qu'elle vous pardonne d'être jolie...

Dans le courant de la journée, mesdames Boucherose et Trafalgar viennent dans le magasin de corsets, et voient avec joie que leur protégée y est installée.

— J'espère, madame Repiqué, que nous vous avons envoyé une belle fille ! dit la volumineuse Toinon, en prenant le menton à Violette, et que vous allez joliment pousser cette enfant-là ?

— Oui, madame, oui certainement... si mademoiselle se conduit comme on doit le faire dans mon magasin... car la bonne tenue avant tout!... Voilà ce que j'exige, moi; je ne tiens pas tant à la beauté qu'à la sagesse !

En disant cela, Lucrèce regarde son mari qui s'est empressé de quitter sa caisse pour venir saluer les deux importantes pratiques. Mais madame Trafalgar part d'un éclat de rire, provoqué par la phrase de madame Repiqué.

— Ah! la sagesse !... je la trouve superbe, madame Repiqué, qui veut n'avoir dans son magasin que des vestales !...

— Madame, je n'ai pas dit positivement cela; mais...

— Mais laissez donc un peu la jeunesse jouir de son bel âge... et de ses agréments extérieurs ! Comme dit M. Bichetout : « Une jolie femme qui ne se produit pas dans le monde, c'est un avare qui enfouit ses trésors !... »

— Ah! ton Bichetout dit ça! Il n'est donc pas si bête qu'il en a l'air, cet entrepreneur?

— Bête! M. Bichetout!... L'homme de Paris qui connaît le mieux les cours de la Bourse! qui prévoit huit jours d'avance la hausse ou la baisse !... Mais quand il se donne un air bête, c'est encore une malice de sa part pour mettre les autres dedans !... C'est bon pour les Turcs, d'être bêtes; ceux-là aiment mieux la graisse que l'esprit ! Qu'on leur donne de grosses formes... des paquets, ça leur suffit; ils n'en demandent pas davantage!...

— Dites donc, Trafalgar, j'espère que ce n'est pas pour Sidi que vous dites cela?... Ne vous avisez pas de jeter des pierres dans mon clos!... Je ne serais pas d'humeur à le souffrir, ma chère; je suis très-douce, mais, quand on m'offense, je ne me connais plus!

— Pourquoi dites-vous que M. Bichetout a l'air bête?

— Eh! mon Dieu! quand il l'aurait, le grand malheur!... Est-ce que tous les hommes ne sont pas bêtes, plus ou moins? et la preuve, c'est que nous leur faisons voir à tous des étoiles en plein midi!... Tiens, ça fait rire M. Repiqué ce que je dis là!... Bonjour, bel homme? Votre femme prétend que vous êtes un mauvais sujet!... Serait-ce vraiment possible?

Florestan salue ces dames en souriant et tâche de se donner un air coquin, en répondant :

— Oh! madame! on en dit toujours plus qu'il n'y en a... Néanmoins, je ne cache pas mon penchant pour les dames : la beauté fut toujours l'objet de mon culte...

— Vous avez raison, c'est une jolie culture; et puis, vous avez un avantage, vous, c'est que vous pouvez lorgner deux femmes en même temps... Ah! ah! ah!...

Cette plaisanterie fait rire tout le monde, même M. Repiqué, qui roule alors ses yeux comme s'il voulait séduire jusqu'au griffon de cette dame. Madame de Boucherose tend alors sa main à madame Trafalgar, en lui disant :

— Voyons! j'espère que nous ne sommes plus fâchée avec Mimi? Je suis vive... je casserais, je briserais tout quand je suis en colère, mais l'instant d'après je n'y pense plus... Monte dans mon équipage, je vais te promener au bois, et nous prendrons quelque chose au chalet... Ça y est-il?

— Ça y est! Je n'ai pas plus de rancune qu'une linotte... Adieu, Violette! au revoir, ma belle!... Tu es fort jolie, mais tu n'es pas bien habillée... Madame Repiqué, cette jeune fille n'est pas bien corsée, vous ne devriez pas souffrir cela!

— Oh! soyez tranquille, madame; dès demain, mademoiselle va porter de mes corsets, et je vous réponds qu'elle ne sera plus reconnaissable pour la tournure!

— A la bonne heure!... Soignez-la, cette enfant... nous voulons toujours la protéger.

Les deux dames regagnent l'équipage qui est à la porte, et pendant que madame Repiqué reconduit ses deux pratiques jusqu'à la voiture, Florestan trouve le temps de se pencher sur le comptoir devant Violette et de lui dire tout bas :

— Vous êtes une perle!... Je vous adore!... Amour et mystère!...

Puis, redoutant le retour de sa femme, ce monsieur court se cacher dans sa caisse. Quant à Violette, elle est restée toute saisie, et regarde Babiole qui éclate de rire en lui disant :

— Je vous avais prévenue, la déclaration ne pouvait manquer ! Le patron prend feu comme une chimique ! Mais, n'ayez pas peur, sa femme se chargera de le surveiller.

Le lendemain, madame Repiqué fait entrer sa nouvelle apprentie dans une petite pièce où les dames seules pénètrent et y essayent des corsets. Là il faut que Violette mette un corset plastique d'une coupe nouvelle, et qui doit considérablement amincir la personne qui le portera. Le nouveau modèle est essayé, il va fort bien à la jeune fille, qui paraît plus svelte, dont la taille devient plus fine, plus élégante. Lucrèce admire son ouvrage, auquel elle fait cependant quelques pinces, quelques légers changements. Puis Violette, habillée avec le nouveau corset, retourne prendre sa place au magasin, où les trois autres ouvrières ne peuvent s'empêcher de pousser un cri d'admiration en voyant le changement qui s'est opéré dans la taille, dans la tournure de leur nouvelle compagne, grâce au talent de madame Repiqué et à la coupe heureuse de ce corset.

La jalouse Lucrèce elle-même est forcée d'admirer Violette, tout en se mirant dans son ouvrage, et de penser que sa nouvelle apprentie fait parfaitement valoir sa marchandise.

Plusieurs dames qui, en passant dans la rue, ont remarqué Violette, entrent dans le magasin et veulent qu'on leur fasse des corsets qui leur prennent aussi bien la taille ; alors la jeune fille est appelée, il faut qu'elle passe avec les dames dans l'arrière-boutique, afin que l'on examine de près le corset magique, et que l'on prenne mesure dessus.

Plusieurs fois dans la journée, le joli mannequin est appelé par madame Repiqué, et souvent, à peine Violette est-elle retournée à sa place, qu'une nouvelle dame se précipite dans la boutique et demande à essayer le corset de la demoiselle qui est en montre.

Pendant plusieurs jours Violette porte le corset qui amincit, et les dames élégantes arrivent en foule chez madame Repiqué. Le magasin de la *Poule blanche* a la vogue, on ne parle que de ses corsets, surtout lorsque, après avoir, pendant huit jours, porté celui qui amincit, Violette en met un autre qui, tout en conservant à la taille de la grâce, donne une ampleur extrême à la gorge et simule des appas parfaitement imités avec du coton.

Alors les dames très-maigres veulent avoir ce dernier corset ; ce n'est plus une simple vogue, c'est un engouement, un délire. Le magasin de la *Poule blanche* ne désemplit pas, et Violette passe presque tout son temps dans l'arrière-boutique, où l'on examine attentivement son corset, tandis que madame Repiqué explique la manière de s'en servir et de paraître avoir ce que l'on n'a pas.

— Savez-vous que c'est très-fatigant de faire le mannequin ? dit un jour Violette à la petite Babiole.

Aujourd'hui, j'ai été dérangée presque toute la journée... Ces dames m'examinent, me tournent, me retournent absolument comme si j'étais une poupée... Si je ne suis venue à Paris que pour servir à la toilette des autres, il me semble que j'aurais tout aussi bien fait de rester dans mon village!

— Oh! soyez tranquille, répond Babiole d'un air futé, votre sort changera!... Il n'y a pas que les dames qui s'occupent de vous!... Depuis que vous êtes si bien corsée, vous n'avez donc pas remarqué tous les beaux messieurs qui s'arrêtent dans la rue pour vous regarder?...

— Vraiment?... Vous croyez que c'est pour moi qu'on s'arrête!... Moi, je pensais que c'était pour examiner les corsets.

— Les hommes se moquent pas mal des corsets!... Non, non, c'est vous qu'on lorgne, qu'on admire... et si vous sortiez, je suis persuadée que, dans la rue, vous auriez déjà reçu au moins douze déclarations!

— Douze déclarations!... Tiens, ça m'amuserait. Mais je ne sors jamais... Ah! Babiole, vous êtes bien plus heureuse... vous avez votre chambre... vous faites les courses, et vous ne servez pas de mannequin!

VIII

LES DEUX FRÈRES.

Retournons un peu à Saint-Jean-aux-Bois; ce pauvre Giroflé, ce bon Benoît méritent bien qu'on ne les oublie pas.

En arrivant à la maisonnette de Violette, le soir même du départ de la jeune fille, Giroflé s'étonne de voir la porte fermée. Il va pour frapper; une petite fille l'arrête en lui disant :

— *Gnia pus parsonne*, alle est partie.

— Partie!... Comment... sortie le soir!...Elle est donc allée acheter quelque chose dont elle avait besoin ?

Pour toute réponse, la petite voisine lui donne la clef de la maison et une lettre, en lui disant :

— Je sais pas ! Mais, tenez, vlà ce qu'elle m'a donné pour vous.

Giroflé prend ce qu'on lui présente d'une main tremblante, car il prévoit déjà quelque malheur. Il ouvre la lettre, la lit en frémissant, ne peut d'abord croire ce qu'il a lu, veut s'en assurer encore... Mais ses yeux sont obscurcis par les larmes, il ne peut plus rire. Il entre dans la maison, regarde autour de lui, appelle à plusieurs reprises : « Violette ! Violette !... » Mais aucune voix ne lui répond ; alors il comprend que celle qu'il adore est réellement partie, et il tombe sur un siége en sanglotant, en balbutiant :

« Elle m'a quitté !... Je ne la verrai plus !... Partie ! sans me dire adieu !... Ah ! que vais-je devenir ? »

Puis, après être resté quelque temps dans la chaumière, il en sort brusquement et court trouver son frère ; car, dans la peine, nous nous souvenons toujours de ceux qui nous aiment... et c'est facile : il y en a si peu !

Giroflé court se jeter en pleurant dans les bras de son frère ; il repose son front brûlant contre sa poitrine, et le pauvre Benoît, en voyant ce désespoir si profond, si sincère, devine bien que Violette est là-dedans pour quelque chose. Aussi ses premières paroles sont-elles :

— Est-ce qu'elle t'a dit qu'elle ne voulait plus t'épouser ?

— Ah ! mon frère... si ce n'était que cela... je m'y serais soumis... je me serais contenté de la voir toujours... comme son ami... Mais elle est partie !... Comprends-tu, Benoît ? partie pour Paris... sans me prévenir... sans m'avertir... sans se dire : « Il en mourra !... »

— Violette serait partie pour Paris ?...

— Tiens, voilà ce qu'elle m'écrit... Lis sa lettre... lis-la tout haut pour que je l'entende encore... car j'ai peut-être mal lu, moi !...

Benoît lit à haute voix l'écrit laissé par Violette.

— Elle s'ennuyait ici !... murmure Giroflé. Je faisais cependant mon possible pour satisfaire à tous ses désirs... Elle me dit de l'oublier !... Ah ! je ne le pourrai jamais... Je ne suis pas comme elle... Quand j'aime c'est pour toujours !...

— Mon ami, je crois que cette jeune fille ne t'a jamais aimé !... Tout ce que tu faisais pour elle glissait sur son cœur sans le toucher... Que veux-tu ? l'amour est un sentiment qu'on ne force point... Il faut qu'il vienne tout seul.

— Aller à Paris !... Mais que compte-t-elle donc y faire, mon Dieu !

— Fortune... y briller ! C'est là le rêve de toutes les jeunes filles.

— Mais... moi... que vais-je devenir maintenant ?... J'étais habitué à la voir tous les jours... Quand je travaillais loin d'elle, je me disais : « Ce soir, tu la verras, tu lui parleras... tu entendras sa douce voix... » Et ça me donnait du courage... A présent que ne je pourrai plus me dire cela, je n'aurai plus de courage à rien..... Ah! mon frère..... Je suis bien malheureux!...

Benoît était presque aussi malheureux que Giroflé ; mais il l'était par le désespoir de son frère. Il embrasse celui-ci, lui presse les mains, en lui disant :

— Allons! ne te laisse pas aller à la douleur, il faut être homme... il faut savoir supporter les chagrins...

— Je supporterais tout, excepté de ne plus voir Violette !

— Il faut attendre !... Nous verrons... elle s'y ennuiera peut-être à Paris... et elle reviendra...

— Oh! non! elle ne reviendra pas !...

— Eh bien! alors... ce n'est pas si loin Paris... et si tu t'ennuies ici à ton tour... dame !... pourquoi n'irions-nous pas aussi... à Paris ?...

Giroflé ne peut répondre, mais il se jette au cou de son frère, l'embrasse à plusieurs reprises ; un éclair de bonheur illumine son visage. Enfin, il a la force de parler et de s'écrier :

— Ah! que tu es bon, Benoît, que tu es bon !... Quoi! tu consentirais à venir aussi à Paris avec moi ?... Car, moi, vois-tu, il faut bien que j'y aille, puisqu'elle y est !

— Eh! pourquoi pas ?... D'ailleurs, je ne fais pas grand'chose de bon dans ce village... Mes élèves me payent mal, et le plus souvent ne me payent pas du tout. A Paris, où tout le monde veut être instruit, je trouverai à utiliser le peu que je sais... Je donnerai des leçons en ville... ou je tâcherai de trouver des écritures, des copies à faire...

— Oh! oui, mon bon Benoît, tu trouveras beaucoup d'ouvrage, toi... Tu gagneras à Paris bien plus d'argent qu'ici!... Quant à moi... je ne trouverai peut-être pas de jardins à soigner... car on dit qu'il ne reste plus beaucoup de jardins dans Paris; mais je ferai autre chose... je suis fort et j'ai de bons bras... je trouverai bien à m'occuper... Quand je devrais faire des commissions, porter des fardeaux; tu m'as dit, mon frère, qu'il n'y avait pas de sot métier!

— Et c'est la vérité! Pourquoi craindrions-nous de déroger quand Saül a gardé les troupeaux de son père; quand Jacob se fit serviteur chez Laban; quand le spirituel Ésope, le philosophe phrygien, fut esclave à Samos; enfin, quand le superbe Apollon, dieu du jour, des lettres, des arts et de la médecine, se fit berger chez Admète!...

— Ah! mon frère, que vous êtes savant!

— Non, mon ami... c'est la lecture qui nous apprend cela...

— Alors, c'est dit, Benoît, nous irons à Paris...

— Oui; mais, auparavant, Violette nous charge de vendre sa maison....

— Ah! c'est vrai... Pauvre maisonnette! où je croyais passer mes jours avec elle... où j'ai été si heureux quand je la voyais faire ses fromages... C'est bien dommage de la vendre!

— Sans doute... Mais il paraît que Violette n'y tient pas beaucoup !...

— Quelque jour peut-être elle se repentira de l'avoir vendue... ça ne se vendra pas bien cher... le jardin est petit...

— Enfin, je vais voir, m'informer... savoir ce qu'on en donne... Puisque Violette veut qu'on la vende, c'est que peut-être elle a besoin d'argent.

— Occupe-toi de cela bien vite, Benoît, afin que nous puissions partir pour Paris et aller retrouver Violette le plus tôt possible...

— Oui, mon ami. Mais, à propos, Violette ne t'a donné aucune adresse pour lui écrire... elle ne te dit pas dans sa lettre où elle va loger... Comment donc ferons-nous pour la trouver, à Paris ?

— Dame !... nous la demanderons aux commissionnaires... aux facteurs de la petite poste ; on dit que ces gens-là savent les adresses de tous les habitants de Paris.

— L'adresse des personnes établies, des célébrités ! Mais Violette n'est rien de tout cela...

— Oh ! mon frère, elle est assez jolie pour être une célébrité ! Sois tranquille, nous la trouverons, quand je devrais entrer la demander dans toutes les maisons ! Est-ce que tu crois, d'ailleurs, que mon amour ne me guidera pas ? Ici, quand j'approchais de la demeure de Violette, aux champs, quand je l'apercevais de bien loin, mon cœur battait avec une force... il me semblait qu'il allait me quitter pour aller à elle !... Eh bien ! à Paris, ce sera de même, et quand je passerai dans la rue où demeure Violette, mon cœur m'avertira que c'est là que je dois la trouver.

Benoît ne partage pas la confiance de son frère, mais il ne veut pas lui ôter son espérance. Cependant, il l'engage à s'informer le lendemain, près des voisins et des voisines, de toutes les circonstances qui ont précédé ou accompagné le départ de la jeune fille, en disant avec raison :

— Cette détermination si prompte, si imprévue, ne saurait être l'effet d'un caprice... Pour partir ainsi, il faut que Violette y ait été poussée par le conseil de quelqu'un, et pour se rendre à Paris, où elle ne connaît personne, il faut bien qu'on lui ai dit chez qui elle doit s'adresser.

Le lendemain, en s'informant dans le village, le pauvre amoureux apprend que Violette a reçu depuis peu les visites de deux belles dames bien parées, et un vieux paysan, qui passe pour le plus fin matois du pays, ajoute :

— Ces soi-disant belles dames, je les ai ben reconnues, moi : l'une, c'était Marjoleine qui a gardé les oies à Pierre Leblanc ; l'autre, c'était Toinon, qui a été servante à Compiègne... Oh ! c'est qu'on ne me trompe pas, moi ! Aussi, en passant près de Marjoleine, je lui ai dit, comme dans le temps : « Bonjour, la fille aux oies ! Comme te v'là fière ! » Alors, faut voir comme elle a filé ! Elle est devenue rouge comme nos cerises.

— Plus de doutes ! dit Giroflé, ce sont ces deux parvenues qui ont débauché Violette... qui lui auront mis dans la tête d'aller à Paris !... Mais tout ça ne me dit pas où je la trouverai...

Il interroge la petite voisine qui lui a remis la clef et la lettre ; mais l'enfant ne peut que lui répondre :

— Violette m'a dit : « Tu remettras ça à François Giroflé dès que tu le verras... » V'là tout ! Elle ne m'a pas dit autre chose.

Giroflé va faire part à son frère de ce qu'il a appris, et celui-ci murmure :

— Oui... ce sont ces deux filles enrichies qui lui auront donné de mauvais conseils... Tout ça ne nous met guère sur la voie pour retrouver Violette ; mais, enfin, en nous informant partout...

— Oui, mon frère ; oh ! sois sûr que nous la trouverons... Quand partons-nous ? Ce soir, n'est-ce pas ?

— Ce soir, c'est impossible ! Nous ne pouvons pas aller à Paris sans argent... on n'y vit pas gratis... Je suis allé à Compiègne chez le notaire ; je lui ai donné pouvoir pour vendre notre rente...

— Ah ! Benoît ! tu te dépouilles pour moi.

— Allons donc !... Est-ce que cette rente n'était pas à nous deux ?... D'ailleurs, nous ne dépenserons pas tout notre argent, nous le ménagerons, nous tâcherons même d'en gagner...

— Oui, oui, oh ! je travaillerai, tu verras !

— Mais il est toujours plus sage d'avoir de quoi attendre les événements.

— Alors nous partirons demain ?

— Oui... demain soir.

— Ah ! mon Dieu ! Et la maison de Violette qu'elle m'a chargée de vendre...

— Elle est vendue... Je me suis informé dans le pays de ce que cela valait. On m'a dit : « La chaumière et le jardin ne valent pas plus de mille francs. » Alors j'ai vendu à ce prix-là...

— Et tu auras l'argent demain ?

— Oui, je l'aurai demain ; tu pourras le remettre à Violette quand tu la trouveras !

— Oh ! mon bon Benoît, que de tracas je te donne !...

— Bon ! bon ! il s'agit bien de cela... Fais toujours tes apprêts, tes paquets ; moi, je ferai porter l'orgue au chemin de fer... nous n'en avons plus besoin ici et je tâcherai de le revendre à Paris.

— Oui, tu as raison... Pourquoi le garderions-nous, puisqu'elle n'aimait plus à l'entendre... Je vendrai aussi mon piston, moi.

— Pourquoi donc cela ? Tu en jouais déjà fort gentiment ; on n'a jamais trop de talent, mon ami, et la musique est souvent un puissant auxiliaire pour se faire bien venir... Au lieu de cela, tâche au contraire de devenir plus habile sur ton instrument ; et... que sait-on ? Cela pourra peut-être te servir un jour.

Le lendemain, Benoît avait son argent. Giroflé avait fait les paquets, et les deux frères se rendaient au chemin de fer qui devait les mener aussi à Paris.

IX

UNE AIGUILLE DANS UNE BOTTE DE FOIN.

En arrivant dans Paris, Giroflé ouvre de grands yeux et pousse de gros soupirs ; il ne cesse de s'écrier :

— Mon Dieu ! c'est bien plus grand que deux fois Compiègne !... Ça n'en finira donc pas, des rues et des boulevards ?

Benoît s'est fait indiquer un petit hôtel pas cher ; un auvergnat, qui se charge de porter l'orgue, le guide jusque dans le haut du faubourg Saint-Martin, où les hôtels ne ressemblent pas à celui du Louvre, rue Saint-Honoré ; mais, comme dit Benoît, *non licet omnibus adire Corinthum !*

En voyant arriver deux voyageurs mis fort modestement et apportant un orgue, l'hôte présume que ce sont des musiciens ambulants, et leur donne la plus vilaine chambre de sa maison. Mais, comme le prix de cette chambre est très-modique, les deux frères s'y trouvent bien ; ils s'y installent, puis Benoît dit à son hôte :

— Monsieur, si vous connaissez des parents qui voudraient faire apprendre à leurs enfants l'écriture, le calcul, l'orthographe et un peu d'histoire, pensez à moi, je vous prie ; je donne des leçons à très-bon marché !

— Tiens ! vous n'êtes donc pas des chanteurs des rues ?

— Non, monsieur. Et pourquoi supposiez-vous que nous étions cela ?

— Parce que vous avez un orgue... Que diable faites-vous d'un orgue, alors ?

— Nous l'avons apporté pour le vendre... Et si vous trouvez quelqu'un qui veuille l'acheter...

— Est-ce qu'on joue de l'orgue ?... Ah ! si c'était un piano ou un violon, à la bonne heure... ça se place... on trouve des amateurs... Il valait mieux apporter un piano, ma fille veut l'apprendre.

— Monsieur, nous n'avons pas apporté un piano parce que nous n'avions qu'un orgue.

— Est-ce que vous comptez en jouer ici, de votre vilaine musique ? C'est que je vous préviens que je ne vous logerais pas alors ; car vous feriez fuir tous mes locataires.

— Soyez tranquille, notre intention n'est nullement d'en jouer.

— A la bonne heure ! Ah ! vous donnez des leçons d'écriture?... Vous feriez bien mieux de donner des leçons de piano, vous gagneriez davantage... vous auriez eu déjà ma fille pour élève...

— Monsieur, je ne donne pas des leçons de piano, parce que je n'ai pas la moindre notion sur cet instrument.

— Ah ! je comprends... Mais, alors, pourquoi avez-vous un orgue?...

Giroflé, qui trouve leur hôte très-ennuyeux et très-bête, l'interrompt en s'écriant :

— Monsieur, il ne s'agit pas de tout cela ! Nous sommes venus à Paris, mon frère et moi, pour y chercher une jeune fille qui vient de quitter le pays comme une bombe, au moment de m'épouser ; car j'étais comme son fiancé... Je lui avais donné une jolie montre... je ne savais que lui donner pour toucher son cœur... Enfin, Violette... elle se nomme Violette Moutin... est partie, il y a trois jours, pour Paris. Où faut-il aller pour la retrouver, monsieur ? Où se logent les jeunes filles de la campagne quand elles arrivent à Paris ?

— D'abord, il faudrait me dire ce qu'elle sait faire, votre jeune fille... Vient-elle à Paris pour donner des leçons de piano ?

— Oh ! non, monsieur, Violette n'est pas du tout musicienne ; elle ne sait que coudre et broder...

— Tant pis ! Si elle avait su le piano, on aurait pu, par d'autres professeurs, avoir des renseignements...

— Mon Dieu ! monsieur, on ne s'occupe donc que de piano, à Paris ?...

— Je ne dis pas cela. Enfin, votre jeune fille a décampé en emportant votre montre, à ce que je vois... elle vous a volé ?...

— Volé ! Violette une voleuse !... Tenez, monsieur, vous ne comprenez pas du tout ce qu'on vous dit ! Apprenez que Violette est une honnête fille, incapable de faire du tort à personne... Et la preuve, c'est qu'elle nous a chargés de vendre sa maison, et que c'est nous qui avons de l'argent à lui remettre... N'est-ce pas, mon frère ?

— Certainement ; j'ai là, dans ma poche, un billet de mille francs, c'est le prix de la vente de sa maison... Tiens, prends-le, François ; il vaut mieux que tu l'aies sur toi, pour le donner à Violette dès que tu la trouveras.

Giroflé prend le billet de banque, le place avec soin dans un vieux porte-monnaie qui lui sert de portefeuille, et s'adresse de nouveau à leur hôte, qui a ôté sa casquette de dessus sa tête en voyant que ses nouveaux locataires possèdent des billets de banque.

— Voyons, monsieur, à présent que vous savez que Violette est une honnête fille, dites-moi où je dois la chercher ?

— Une honnête fille !... Ma foi ! monsieur, c'est fort embarrassant ; certainement il y en a dans tous les quartiers ; mais le difficile est de mettre la main dessus !

— Je ne vous ai pas dit que je voulais mettre la main sur Violette ; je veux seulement la trouver, afin de savoir si elle s'amuse à Paris comme c'était son envie...

— Ah ! c'est pour s'amuser que votre fiancée est venue à Paris ?... Alors, il faut la chercher dans le quartier Bréda ; c'est ordinairement par là que se logent les demoiselles qui viennent à Paris pour se divertir.

— Le quartier Bréda ?... J'y vais tout de suite !... Est-ce loin d'ici ?

— Pas très-loin... Vous allez traverser plusieurs rues en face d'ici, et vous y arriverez.

— Oh ! d'ailleurs, j'ai une langue, et il n'est pas défendu de demander son chemin... Toi, Benoît, tu chercheras aussi de ton côté, n'est-ce pas ?

— Oui, mon ami, sois tranquille, je m'informerai partout, et en même temps je tâcherai de trouver des élèves... car il faut songer à gagner sa vie. Mais, dès que la nuit viendra, tu reviendras ici, n'est-ce pas, mon ami ? Je ne veux pas que tu coures le soir dans cette ville que tu ne connais pas... D'ailleurs, il faut dîner, et c'est bien le moins que nous nous retrouvions ensemble pour prendre ce repas !

— Oui, mon frère, c'est convenu, à ce soir.

Les deux frères se séparent. Giroflé se dirige vers le quartier Bréda, où il se flatte de retrouver facilement Violette. Benoît marche au hasard d'un autre côté. De temps à autre, il entre dans une maison, s'incline bien humblement devant le portier, en disant :

— Pardon !... excusez si je vous dérange... Vous n'auriez pas, dans cette maison, une jeune fille récemment arrivée à Paris, et qui se nomme Violette Moutin?

Benoît est tellement poli, il parle aux portiers d'un air si respectueux, que ceux-ci daignent lui répondre :

— Non, non, nous n'avons pas ça... Qu'est-ce qu'elle fait, votre demoiselle?

— Mais elle travaille à l'aiguille... elle brode... elle festonne...

— Alors elle doit être dans une boutique... Cherchez chez une lingère !

— Vous avez raison, oui, en effet, je crois que je ferai mieux de la demander chez les lingères... Pardon !... mais, par la même occasion, vous ne connaîtriez pas quelqu'un qui voudrait prendre des leçons d'écriture, d'orthographe, et même d'un peu de latin?... Je ne prendrai pas cher.

— Non, nous ne connaissons personne qui ait besoin de savoir tout ça... Il y a bien des enfants dans la maison, mais il vont en demi-pension !

— Du moment qu'ils vont en pension, mon ministère leur est inutile ; excusez-moi, monsieur le concierge... Je vous présente mes civilités.

Benoît s'éloigne ; mais, un peu plus loin, il recommence sa visite et sa demande chez un autre portier, où il n'est pas plus heureux. Quelquefois, après avoir offert de donner des leçons d'écriture, il ajoute encore : « J'ai un orgue à vendre, est-ce que vous n'auriez pas envie de l'acheter ? »

Mais alors, comme ce monsieur offre trop de choses, on commence à le trouver importun, et on le renvoie assez brusquement, en lui disant : « Laissez-nous tranquilles !... Vous nous ennuyez, vous faites trop de choses !... On n'entre pas dans les maisons pour offrir des orgues... c'est suspect !... Fichez-nous le camp bien vite ! »

Alors le pauvre Benoît s'éloigne tout penaud en se disant : « Je n'offrirai plus mon orgue... il paraît qu'on ne les aime plus à Paris. »

Suivant l'avis qu'un portier lui a donné, Benoît est aussi entré dans quelques boutiques de lingère ; mais, là, il a été fort mal reçu. On lui a répondu à peine et d'un ton fort peu aimable, en lui intimant l'ordre de sortir sur-le-champ.

La nuit est venue. Le frère aîné est depuis longtemps de retour à leur modeste garni, où il attend son frère avec impatience ; il commence même à en être inquiet, lorsqu'enfin Giroflé revient, pâle, défait, exténué de fatigue.

— Bon Dieu ! dans quel état te voilà ! s'écrie Benoît.

— Ah ! mon frère, j'ai tant marché, tant trotté depuis tantôt... et tout cela inutilement ! J'ai visité tout ce qu'on appelle le quartier Bréda... Je suis entré dans plus de cent maisons !... Au lieu de me répondre, la plupart du temps on me riait au nez... ou bien,

il y en a qui ont eu le front de me dire : « Violette...
c'est son nom de guerre, sans doute, à votre jeune
fille. Par qui est-elle entretenue? » Là-dessus, je me
mettais en colère, et on me mettait à la porte. Une
fois, cependant, dans une maison où le portier était
une portière, elle me répond : « Violette ! dame ! attendez donc ; nous avons une nouvelle locataire qui a
trente-six noms : elle s'appelle Rose, Jacinte, Muguette ! elle pourrait bien s'appeler aussi Violette...
Montez au quatrième, vous verrez si c'est la jeunesse
que vous cherchez. » Moi, là-dessus, tu penses bien
que je me dépêche de monter ; je sonne à la porte
qu'on m'a indiquée. Un monsieur à moustaches m'ouvre, me toise d'un air farouche, et me dit : « Qu'est-ce que vous demandez? » Je lui réponds bien poliment : « Monsieur, je demande la demoiselle qui loge
ici depuis peu de jours, parce que je suis de sa connaissance. » Le monsieur fronce les sourcils, en murmurant : « Ah ! vous êtes de sa connaissance?... Ah !
elle connaît déjà du monde à Paris !... Ah ! c'est comme
ça qu'on se fiche de moi !... Muguette ! holà ! Muguette ! avancez un peu ici ! »

« Alors je vois arriver une jeune fille assez jolie,
mais qui avait l'air très-déluré ; elle me regarde et se
met à rire en s'écriant : « Tiens, qu'est-ce qu'il veut
ce dadais-là ?

« — Ce qu'il veut ? Mais vous voir assurément,
puisque vous êtes sa connaissance.

« — Moi, je suis de sa connaissance ! C'est pas

vrai ! Voilà la première fois que je vois ce jeune homme. »

« Là-dessus, le monsieur s'adresse à moi, toujour en roulant des yeux furibonds :

« — Ne venez-vous pas de me dire que mademoiselle était de votre connaissance ? »

« Moi, qui avais bien vu que la Muguette n'était pas Violette, je répond naturellement :

« — Monsieur, je me suis trompé ; je croyais connaître la personne qui loge ici ; mais je ne la connais pas. »

« Au lieu de se contenter de ma réponse, l'homme à moustaches jure, frappe du pied, et s'écrie :

« — Ah ! vous croyez que je donne là-dedans, et qu'on se moquera de moi comme d'un Cassandre ?... Vous êtes un polisson, et mademoiselle une drôlesse ! Tiens, Muguette, voilà pour toi... Et vous, voilà pour vous apprendre à venir la voir ! »

« En disant cela, ce monsieur donnait un soufflet à la demoiselle, puis m'allongeait, à moi, un grand coup de pied dans le derrière. Ensuite il m'a fermé la porte au nez. Je l'ai appelé canaille à travers la porte, mais il ne m'a plus répondu. Quand je suis descendu, la portière m'a dit :

« — Avez-vous eu votre affaire ? »

« Mais je ne lui ai pas dit quelle affaire j'avais reçue. Voilà le résultat de ma journée. Et toi, mon frère, as-tu appris quelque chose ?

— Non, mon ami, rien ; mais, grâce au ciel, je n'ai rien reçu.

— Savoir que Violette est dans cette ville, et ne pas pouvoir la trouver !

— Console-toi, mon ami, demain nous serons peut-être plus heureux. En attendant, allons dîner. Tu dois avoir besoin de te restaurer ?

— Non, je n'ai pas faim.

— Faim ou non, il faut se nourrir ; au métier que tu fais, on a besoin de reprendre des forces... Comment chercheras-tu Violette quand tu ne pourras plus marcher ?

— Tu as raison ; allons dîner.

L'hôte indique à ses locataires une entreprise de bouillon où l'on peut dîner à bon marché, pourvu qu'on ne demande ni plat truffé, ni charlotte russe. Les deux frères vont s'y installer ; Benoît fait honneur au repas, et trouve tout excellent. Giroflé demande au garçon s'il a vu Violette, dont il s'empresse de lui faire le portrait, et le garçon, qui l'a écouté en pensant à autre chose, lui répond :

— Monsieur, vous trouverez ce que vous cherchez à la *Belle Jardinière*, dans un magasin de confection.

— En vérité ? Et où est-ce, la *Belle Jardinière* ?

— Sur le quai aux Fleurs... Tout le monde vous indiquera cette maison-là.

En sortant de dîner, Giroflé voudrait aller tout de suite à la *Belle Jardinière*, mais Benoît lui dit :

— Mon ami, il est plus de neuf heures ; car notre dîner peut passer pour un souper. Tu es harassé de fatigue, moi-même je ne puis me tenir sur les jambes, allons nous coucher, afin d'être demain en état de recommencer nos courses.

— Mais, mon frère, si Violette est chez cette belle jardinière, nous le saurions tout de suite, et nous n'aurions plus besoin de la chercher demain...

— Mon ami, j'ai bien dans l'idée que ce garçon n'a pas compris ce que tu lui demandais... Tu verras cela demain... Allons nous coucher !

Le lendemain s'écoule comme la veille, si ce n'est qu'à la *Belle Jardinière*, Giroflé, qui a voulu visiter tout le magasin, n'ose pas s'en aller sans acheter un paletot. Ce soir-là, il parcourt une partie du faubourg Saint-Germain, où il est fort mal reçu par les concierges auxquels il demande mademoiselle Violette.

De son côté, Benoît n'est pas plus heureux. Il ne trouve ni Violette, ni leçons à donner ; quant à son orgue, il n'ose plus le proposer, parce que cela lui attire toujours des désagréments.

Trois semaines se passent ainsi en recherches infructueuses. Mais, au bout de ce temps, le chagrin et la fatigue ont tellement changé Giroflé, que ce n'est plus que l'ombre de lui-même. En vain, chaque jour son frère le supplie de prendre du repos, de suspendre ses recherches, de prendre soin de sa santé.

— Non, non ! répond le pauvre amoureux, dont les yeux sont presque toujours pleins de larmes. Non, je ne me reposerai pas que je ne l'aie retrouvée, que je ne l'aie revue !... Et, alors, toutes mes fatigues seront oubliées.

Mais la nature est plus forte que les volontés humaines ; quand il lui convient de nous arrêter au milieu de nos entreprises, nous tenterions en vain de lui résister, et, un matin, Giroflé essaye inutilement de se lever. Une fièvre violente le retient sur son lit ; bientôt une fluxion de poitrine se déclare, et, en peu de temps, il est aux portes du tombeau. On doit concevoir quelle est la douleur, le désespoir de Benoît, menacé de perdre son frère, l'unique objet de ses affections ; car, lorsqu'on n'est pas né pour inspirer de l'amour, le cœur se réfugie entièrement dans l'amitié.

Mais alors Benoît ne ménage plus rien ; les meilleurs médecins sont appelés, tous les médicaments ordonnés, tous les soins sont prodigués au jeune malade, et, enfin, après de longues veilles, après bien des nuits passées au chevet de son frère, le docteur prononce ces paroles divines : « Il est sauvé ! »

Alors Benoît se jette au cou du docteur ; il embrasse son hôte, il embrasse la servante de l'hôtel ; il embrasserait volontiers les passants. Le bonheur rend expansif, et j'ai fort mauvaise opinion de ces gens qui renferment leur joie en eux-mêmes et veulent être heureux tout seuls. Le médecin a dit que la convalescence serait longue et nécessiterait toujours les plus grandes précautions, le régime le plus sévère ; mais qu'importe tout cela, du moment que la guérison, la santé sont au bout. Benoît ne sera-t-il pas toujours là près de son frère, pour empêcher qu'il ne fasse quelque imprudence, pour ne lui laisser manger que ce qui doit lui faire du bien; si cela coûte beaucoup d'argent, tant pis! Le petit capital de la rente vendue diminue tous les jours, mais qu'est-ce que l'argent auprès de la vie? Et tout l'or du Pérou nous rendrait-il jamais l'être que nous aimons?

Lorsque Giroflé a retrouvé assez de force pour causer un peu, il voit son frère près de lui, le regardant, souriant en épiant son moindre désir. Le pauvre Benoît est bien changé aussi, ses joues sont creuses, ses lèvres pâles; mais le bonheur brille tellement dans ses yeux que cela efface presque les traces de la fatigue.

Giroflé tend la main à son frère, en murmurant :

— J'ai été bien malade?

— Oui, bien malade... mais tu es sauvé!

— Depuis combien de temps suis-je au lit?

— Depuis vingt-deux jours...

— Et pendant ce temps-là, tu ne m'as pas quitté?

— Est-ce que tu m'aurais quitté, toi, si tu m'avais vu en danger?

— Mon bon Benoît! je te cause bien des peines, bien des ennuis!

— Tout cela n'est rien, pourvu que maintenant tu sois plus raisonnable et promettes de m'écouter.

— Oui, mon frère, oui, je t'écouterai; car, vois-tu,

tout en étant malade, je t'entendais bien quelquefois gémir, pleurer, prier le ciel pour moi. Alors je me disais : « Comme il m'aime, lui ! Tandis que celle après qui je cours sans cesse m'a abandonné, sans s'inquiéter du mal qu'elle me faisait. » Et j'ai senti alors que j'avais tort d'espérer que jamais elle voudrait m'épouser...

— On ne sait pas, mon ami, on ne sait pas !... Les femmes elles-mêmes ne savent pas toujours ce qu'elles veulent...

— Vois-tu, Benoît, si ce n'était pas pour rendre à Violette l'argent que nous avons à elle, je ne la chercherais plus, et je te dirais : « Allons-nous-en, mon frère, retournons au village... »

— Avant toute chose, mon ami, il faut d'abord que tu retrouves tes forces, ta santé, et ce sera long, le médecin m'en a prévenu ; mais, qu'importe ! nous avons le temps de te soigner.

— Et de l'argent ? Je suis sûr que tu en dépenses beaucoup pour moi.

— Bon, bon, notre petit magot n'est pas encore épuisé...

— Et des élèves ?...

— Je n'en ai pas encore, mais on m'en promet. Ne t'inquiète pas de tout cela, repose-toi, prends de bons consommés, et surtout ne te laisse plus aller au chagrin... Il faut être homme, vois-tu, *suum cuique tributo !* Ce qui veut dire que chacun a ses ennuis, et qu'il faut savoir les supporter.

Quelques jours après, Benoît rentre tout joyeux, et dit à son frère :

— J'en ai un, mon ami, j'en ai enfin trouvé un... C'est toujours un commencement !

— Tu as trouvé un quoi, mon frère?

— Eh! mais, un élève pour l'écriture et l'orthographe. C'est un garçon épicier; il m'a dit : « J'irai chez vous à dix heures du soir, dès qu'on aura fermé la boutique. » Le pauvre garçon n'est pas riche; il m'a prévenu qu'il ne pourrait me payer qu'en pruneaux et en méndiants. J'ai accepté cela... Les pruneaux sont très-bons pour des convalescents, et puis, enfin, mieux vaut cela que rien.

Le garçon épicier arrive, en effet, le soir prendre sa leçon. C'est un gros jeune homme de dix-sept ans qui ne veut pas comprendre que l'on ne prononce pas toujours comme on écrit, et qui, pour lire : *Ces femmes sont bonnes quand elles dorment*, prononce : « les femmaisses sont bonnaisses quand ellaisses dormant. »

Mais Benoît y met de la patience, de la persévérance, et Giroflé, forcé de garder encore le lit ou de rester étendu dans un vieux fauteuil, que l'hôte assure avoir été une bergère, admire la longanimité de son frère, tout en donnant encore des soupirs au souvenir de celle qu'il ne veut plus chercher, à ce qu'il répète si souvent à Benoît, que celui-ci commence à ne pas y croire.

Un jour que Giroflé s'était endormi après avoir pris

7.

un excellent potage, lorsqu'il rouvre les yeux, il aperçoit au fond de la chambre son frère qui dînait en mangeant avec du pain des raisins secs et des pruneaux crus. Il regarde quelques instants pour s'assurer que Benoît fait vraiment un repas avec ces fruits secs, puis il s'écrie :

— Mon frère, que signifie cela ?... Quoi !... c'est comme cela que tu dînes, toi ?

Benoît, qui croyait son frère bien endormi, est aussi embarrassé que s'il avait fait une faute; il essaye de cacher son pain, tout en balbutiant :

— Mais non... je ne dîne pas !... Je goûtais à mes mendiants... Ils sont très-bons... je t'assure...

— Si, mon frère, c'est ton dîner que tu prenais... Il y a longtemps que je te regarde... Tu mordais dans un gros morceau de pain....

— Eh bien ! après ? Si j'aime le pain avec les avelines, où est le mal ?

— Le mal ! c'est que tu me fais prendre à moi d'excellents bouillons, des potages délicieux... que, pour moi, tu dépenses beaucoup d'argent, et que tu te nourris fort mal !... Et je ne veux pas que cela soit ainsi, et désormais je ne prendrai plus de potage, si je ne t'en vois pas prendre en même temps que moi !...

— Mon ami, tu oublies que tu viens d'avoir une fluxion de poitrine, que tu as encore besoin de beaucoup de ménagements, et que, par conséquent, tu dois prendre une nourriture saine et fortifiante...

— Et toi, tu veux donc tomber malade en ne vivant que de noisettes?...

— Je ne pas vis que de noisettes, monsieur, je me régale très-souvent... Hier encore, j'ai mangé pour deux sous de fromage d'Italie!... C'est délicieux, cela!... Enfin, rappelle-toi que tu as promis maintenant de m'obéir... de faire toutes mes volontés... Et, ma volonté, c'est que tu retrouves ta santé, tes belles couleurs d'autrefois... Eh bien! qu'est-ce que c'est? Tu pleures, je crois!... Pourquoi pleures-tu?

— Parce que je ne suis bon à rien ici... que je ne gagne pas d'argent... et que tu te prives de tout pour moi!

— Sapristi! il ne manque plus que cela!... Tu vas te faire du chagrin... retomber malade, parce que tu m'as vu manger du pain avec des amandes!... Eh bien! puisque cela te contrarie, demain, j'achèterai une oie... je la mangerai à moi seul, s'il le faut, et nous verrons si tu dis encore que je ne me nourris pas.

Les deux frères s'embrassent; c'était toujours ainsi que finissaient leurs querelles. Cependant, la convalescence de Giroflé était longue, et les élèves de Benoît se bornaient toujours au garçon épicier. Mais, un matin, le frère aîné, qui ordinairement était fort matinal, dort encore profondément, quand Giroflé s'éveille. Le jeune homme se lève doucement et va s'assurer que son frère est endormi, puis, comme il entend leur hôte causer dans l'escalier, il va le trouver et lui demande si son frère est sorti la veille, et s'il est rentré tard.

— Tard ! répond l'hôte en riant, c'est-à-dire qu'il n'est rentré que ce matin au jour, lui et son orgue.

— Quoi ! il avait emporté son orgue ?

— Il le fallait bien, puisqu'il servait d'orchestre dans un bal... à la noce du boulanger voisin ; c'est moi qui lui ai procuré cette aubaine-là... Oh ! votre frère était très-content, il m'a bien remercié.

— Comment ! mon frère a passé la nuit à jouer de l'orgue ?

— Eh ! oui, vraiment ! s'écrie Benoît qui vient de s'éveiller, et se lève tout joyeux. Oui, mon ami, je n'ai pas voulu t'apprendre cela hier au soir, et comme on n'avait besoin de moi qu'à dix heures, je ne suis parti que quand tu dormais. J'ai encore trouvé la noce à table ; on m'a forcé de boire, de manger... Oh ! ce sont de très-braves gens ; ensuite, je leur ai joué de l'orgue toute la nuit, et ils ont dansé, polké, galopé toute la nuit, ne s'interrompant que pour se rafraîchir, et voulant toujours que je boive avec eux. Enfin, ce matin, à cinq heures, on a été se coucher, et moi, j'a reçu dix francs pour ma peine... Dix francs ! c'est plus que je n'ai gagné depuis que nous sommes à Paris... Et ils m'ont dit qu'ils me procureraient souvent des occasions d'en gagner autant... A présent, je suis bien content de n'avoir pas vendu mon orgue, puisqu'il me fera gagner de l'argent ; car il paraît qu'à Paris on aime beaucoup la danse.

— Pauvre Benoît !... te voilà joueur d'orgue à présent ?

— Eh bien ! pourquoi pas ? Faire danser le monde, ça n'a rien de désagréable, cela !

— Allons ! puisqu'on aime la musique à Paris, je vais me remettre au piston.

X

ESPIÈGLERIES DE M. REPIQUÉ.

Trois mois se sont écoulés depuis que Violette est dans le magasin de corsets de madame Repiqué, où elle sert de mannequin ; tantôt habillée avec ce qui amincit, tantôt portant le corset qui engraisse, la jeune fille fait avoir à sa patronne une vente et des commandes considérables. Mesdames de Boucherose et Trafalgar ont été des premières à venir l'admirer, et chacune lui dit à l'oreille : « Tu es en passe de faire fortune !... Mais surtout, point d'amourettes !... Il te faut un homme sérieux et millionnaire ! »

— Et où donc veulent-elles que j'aie des amourettes ou des millionnaires? dit Violette à Babiole, je ne sors du magasin que pour monter me coucher !... Cela commence à m'ennuyer beaucoup ! Je ne connais encore dans cette ville que la maison et celles qui sont en face... J'étais venue à Paris pour m'amuser, et je ne m'amuse pas du tout. Est-ce que je passerai l'hiver comme cela ?... Mademoiselle Babiole, vous vous amusez quelquefois, vous, à ce que vous me dites ; est-ce que je ne pourrais pas aller un peu avec vous, dans les endroits où l'on danse, et où vous dites que l'on est si gai?

— Patience! j'y ai déjà songé, répond Babiole... mais il vous faudrait une autre toilette... un joli petit chapeau à la mode...

— En fait de chapeau, je n'ai que mes bonnets.

— Alors, il faut attendre le carnaval qui va bientôt venir... Vous serez censée déguisée en paysanne, et vous pourrez venir au bal.

— Mais, comment ferai-je pour sortir, si madame ne le veut pas ?

— Il faudra bien vous garder de le lui dire. On ne va guère au bal qu'à minuit ; vous êtes toujours montée à votre chambre à onze heures, au bout d'un quart d'heure, vous en partez, vous descendez bien doucement, vous arrivez dans la cour, vous demandez le cordon au portier et vous filez... Je vous attends dans la rue, et vous venez vous habiller chez moi!

— Oh! ma petite Babiole... comme ce sera gentil! Mais pour rentrer?

— Même itinéraire. Les bourgeois ne se lèvent jamais avant huit heures ; vous rentrez à cinq ou à six, par la porte cochère, la cour, et vous grimpez là-haut avant que personne soit éveillé.

— Oui, mais, le soir, il faudra bien qu'il s'éveille pour m'ouvrir!... Et s'il allait dire que je sors après onze heures?...

— Ah! le portier, on lui bouche l'œil avec une pièce de cent sous!... Les portiers, voyez-vous, Violette, avec de l'argent, on en fait tout ce qu'on veut!...

— Ah! oui; mais il faut de l'argent, et je n'en ai guère!

— Moi, c'est différent, je n'en ai pas du tout.

En attendant l'époque où l'on espérait s'amuser, Violette était obligée d'entendre les soupirs de M. Repiqué, et les fragments de déclarations qu'il lui adressait dès qu'il voyait sa femme occupée près d'une cliente. La jolie fille recevait fort mal les doux propos de ce monsieur, mais cela ne le rebutait pas. Sa passion pour Violette était devenue si violente, que, parfois, elle lui faisait commettre des imprudences. Ainsi, profitant du sommeil de sa femme, qui aimait assez à se lever tard, plus d'une fois l'enflammé Florestan s'était levé de très-grand matin, en ayant soin de ne point faire de bruit, et il était monté au cinquième étage : là, il braquait son œil sur la serrure du cabinet à tabatière; mais il ne pouvait rien voir, parce que Violette laissait toujours sa clef dans sa serrure. Alors M. Repiqué toussait, frappait doucement, puis il collait sa bouche contre la porte, en disant à demi-voix :

— Violette! belle Violette!... Ouvrez un seul instant... j'ai quelque chose de très-intéressant à vous communiquer.

Mais la jeune fille, qui entendait fort bien, n'avait garde d'ouvrir, et après avoir vainement supplié pour qu'on lui ouvrît la porte, le malheureux Florestan, qui n'osait frapper fort, de crainte d'être entendu par mesdemoiselles Ursule et Magloire, se décidait à redescendre à son entre-sol.

Mais, un matin, au moment où il va descendre les dernières marches de l'étage supérieur au sien, la porte de son appartement s'ouvre brusquement, et madame Repiqué paraît sur le seuil, n'ayant pour tout vêtement que sa chemise et sa camisole de nuit. Lucrèce s'était éveillée plus tôt que de coutume; ne trouvant plus son mari auprès d'elle, d'horribles soupçons s'étaient emparés de son esprit; elle n'avait fait qu'un bond pour s'élancer dans sa chambre, courir ouvrir sa porte, et c'est avec une voix tonnante, des regards foudroyants, qu'elle dit à son mari :

— D'où venez-vous, monsieur?

Florestan, troublé, abasourdi par cette brusque apparition, laisse échapper le pan de sa robe de chambre, ce qui permet de voir qu'il n'a pas même un caleçon, et balbutie en mâchant ses paroles :

— D'où je viens, bobonne? Mais, mon Dieu!... c'est bien simple... et facile à deviner!... Je viens de cet endroit... où l'on ne peut envoyer personne à sa place... Tu y es, n'est-ce pas?

— Vous mentez, monsieur! vous mentez comme un saltimbanque! Les anglaises sont en bas, dans la cour, et vous descendiez l'escalier!... Hein?... que direz-vous à cela?

— Je dirai... parbleu!... je dirai... que, tout en remontant, j'avais entendu du bruit chez les personnes qui habitent au premier... tu sais? chez M. Postulant, l'homme d'affaires; il m'avait semblé qu'on se disputait... Alors, par curiosité, j'étais monté tout doucement... pour entendre un peu... Tu sais que M. Postulant se querelle souvent avec sa femme?... Alors... ça m'aurait amusé de savoir pourquoi...

— Vous comprenez bien, monsieur, que je ne crois pas un mot de tout ce que vous me débitez là... Vous êtes un libertin, monsieur! vous êtes amoureux de Violette!... Vous en êtes toqué, vous en devenez idiot!

— Ah! par exemple, Lucrèce, ceci est trop fort!

— Non! monsieur, cela saute aux yeux de tout le monde!... Vous avez été rôder près de sa chambre...

— Moi?... jamais!

— Taisez-vous, banquiste! Si je savais qu'il y eût la moindre connivence entre vous et cette fille, je la mettrais à la porte sur-le-champ!... Mais j'aime à croire qu'elle ne vous écoute pas! Au reste... je vous surveillerai, monsieur, j'aurai l'œil sur vous... et, à la moindre certitude... tremblez!... Sortir presque avant le jour... et sans être vêtu!

— Comment! est-ce que je n'ai pas une robe de chambre?

— Vous appelez cela être vêtu, monsieur !

— Il me semble que pour aller... où j'allais, on n'a pas besoin de mettre sa culotte ?

— Assez !... Rentrez vous habiller... et ne répliquez pas !

Florestan est rentré chez lui, très-contrarié d'avoir été aperçu dans l'escalier par sa femme. Pendant quelques jours, il n'ose plus faire la moindre tentative pour se rapprocher de Violette ; il affecte même de ne point regarder de son côté, ce qui est fort agréable à la jeune fille, qui n'a pas manqué de dire à Babiole que le patron venait frapper au point du jour à sa porte, et lui parlait à travers la serrure en la suppliant de lui ouvrir. Et Babiole avait répondu :

— Que monsieur Repiqué prenne garde à lui !... Il se fera pincer par sa femme, et alors il y aura du grabuge.

Cependant le feu couvait sous la cendre. Après quinze jours d'une conduite exemplaire, le passionné Florestan pense que les soupçons de sa femme sont entièrement dissipés. Plusieurs fois, le matin, il s'est levé avant elle et s'est promené quelque temps dans sa chambre, en observant son épouse ; celle-ci n'a pas ouvert les yeux, elle a continué à dormir, elle a même fait entendre un ronflement assez fort, et Florestan s'est dit :

— Je suis un poltron !... J'aurais pu dix fois monter et redescendre du cinquième, sans que Lucrèce s'en doutât !

Un matin, notre amoureux, qui sait que sa femme s'est couchée passé minuit pour achever de préparer à ses ouvrières de la besogne pressée, ne doute pas qu'elle ne dorme plus tard qu'à l'ordinaire ; il se lève sans bruit, s'empare de sa robe de chambre, et, après s'être assuré qu'il y a dans la poche un outil dont il compte se servir, il sort avec précaution, passe sa robe de chambre sur le carré, et grimpe à vol d'oiseau au cinquième étage.

Arrivé là, ce monsieur s'arrête devant la porte de Violette ; mais, cette fois, au lieu de frapper, il fouille à sa poche et en tire une grosse vrille : c'était l'outil dont il avait eu soin de se munir. Florestan s'était dit : « Puisqu'elle ne veut pas m'ouvrir, faisons un trou à sa porte; son lit est justement placé en face, par ce moyen, au moins, je la verrai... dans le plus simple appareil... et quand elle se lèvera... grand Dieu ! que de jolies choses ne verrai-je pas !... Quel tableau dans le genre *Courbet!*... C'est Cupidon lui-même qui m'a suggéré l'idée de cette vrille. »

Voilà donc M. Repiqué, qui, sa vrille en main, ne songe plus qu'à exécuter l'idée qui lui a été envoyée par Cupidon. Il cherche dans la porte l'endroit où il sera le plus commodément pour y appliquer son œil, puis il y met sa vrille, et le voilà qui tourne avec tant d'ardeur qu'en très-peu de temps il doit percer la porte. Mais, tout à coup, au plus fort de la besogne, il reçoit dans le bas des reins un coup de pied si bien lancé que sa tête va donner contre la porte, et que sa vrille lui échappe des mains.

On devine par qui ce coup de pied était donné. Florestan le comprend si bien qu'il ne se retourne pas pour en voir l'auteur, et reste le nez collé contre la clôture qu'il voulait percer. Mais la voix de Lucrèce ne tarde pas à retentir, elle est formidable, en faisant entendre ces paroles :

— Canaille que vous êtes! Ce n'était donc point assez de vouloir vous introduire chez cette jeune fille! Ne pouvant y parvenir, vous cherchez à faire un trou à sa porte! Votre œil impudique veut voir des choses qui vous sont interdites!... Mais savez-vous bien, monsieur, que vous commettez là un attentat aux mœurs qui serait justiciable de la cour d'assises?... Je ne sais quoi me tient!... J'ai envie de vous livrer aux tribunaux!

Florestan, qui, tout en restant la figure collée contre la porte, avait cherché ce qu'il pourrait dire pour justifier l'action qu'il était en train de commettre, se risque à montrer son visage à sa femme, en balbutiant :

— En vérité, bobonne...

— Je vous défends de m'appeler bobonne!

— Eh bien! ma chère amie...

— Je ne suis plus votre chère amie, je suis votre juge, monsieur!

— Eh bien! ma chère... mon juge!... Avant d'accuser les gens, il faudrait d'abord les entendre..

C'est un vieil axiome très-connu ; on ne doit pas juger sans entendre, ça ne se fait nulle part dans les nations civilisées...

— Au fait, que pourriez-vous me dire, quand je vous surprends perçant avec une vrille la porte d'une jeune fille ?...

— Je pourrais dire que mon motif était non-seulement excusable, mais encore que mon but était louable... Oui, mon juge ; car j'avais des soupçons sur la conduite de mademoiselle Violette... Quelques mots que j'avais surpris entre elle et Babiole m'avaient fait supposer une intrigue... Enfin, j'avais dans l'idée que cette jeune... mannequin recevait la nuit un amoureux dans sa chambre... et je voulais m'assurer du fait ; frapper n'aurait servi à rien, on ne m'aurait pas ouvert, c'est pourquoi je me suis dit : « Faisons un trou à la porte ; de cette manière s'il y a un homme dans la chambre, je le verrai bien !... »

— Non, non ! n'espérez pas m'en imposer ; ce n'est pas pour voir un homme que vous aviez pris cette vrille... Ah ! vous êtes un grand scélérat ! Lovelace et Richelieu étaient des enfants près de vous !... Mais, écoutez bien ceci : si je vous surprends encore sur ce carré, ce n'est pas par l'escalier, c'est par-dessus la rampe que vous descendrez !... Allez ! monstre de duplicité !

Florestan ne souffle plus mot, et il descend presque aussi vite qu'il est monté.

XI

LE BILLET DE MILLE FRANCS.

Par une belle journée d'hiver, Giroflé, qui avait trouvé plusieurs fois de l'emploi dans des orchestres de guinguettes, et qui maintenant accompagnait assez bien, avec son piston, un quadrille ou une polka, se rendait chez un traiteur, où se faisaient souvent des noces d'ouvriers, parce qu'on lui avait assuré qu'il serait employé par le chef d'orchestre de l'endroit.

Le jeune homme suivait la rue de Rivoli, il y avait passé déjà bien souvent, sans se douter que Violette y demeurât; mais on ne peut pas, en marchant, s'arrêter devant toutes les maisons, regarder dans toutes les boutiques, car, alors, une journée suffirait à peine pour examiner toute une rue. Ce jour-là, le hasard veut qu'il lève les yeux en passant devant le magasin de *la Poule blanche;* ses regards se portent sur les corsets étalés dans les montres, puis, un peu plus loin, il aperçoit une belle jeune fille assise et se tenant bien droite dans un comptoir. Cette jeune fille était Violette, qui, ce jour-là, portait un corset qui lui faisait une superbe poitrine. Giroflé regarde quelques instants cette belle personne. D'abord, il ne soupçonne pas qu'il a devant les yeux celle qu'il a cherchée dans tout Paris; cette gorge prépondérante le déroute, car c'était justement cela qui faisait défaut chez mademoiselle Moutin. Puis, le bonnet que porte maintenant celle qui sert de mannequin n'a plus la même forme que ceux qu'elle portait au village.

Cependant, plus il la regarde, plus il se dit : « Ce sont ses traits, ses yeux, son air... Mais comment se fait-il qu'il lui soit venu en six mois des appas comme à une nourrice? »

Tout à coup Violette parle et rit avec Babiole. Alors le pauvre garçon sent ses doutes se dissiper, il reconnaît le sourire de celle qu'il adore, il ne peut plus s'y tromper, et, se jetant sur la porte, qu'il ouvre brusquement, il se précipite dans le magasin, et court au comptoir en s'écriant :

— Mam'zelle Violette! Est-ce bien possible que ce soit vous?

Les compagnes de Violette sont toutes saisies, madame Repiqué a eu un moment d'effroi, en voyant un homme tomber comme une bombe dans sa boutique. Celle qui est cause de cet incident conserve seule son air tranquille, et se borne à sourire, en répondant :

— Tiens! c'est Giroflé!...

— Oui, mam'zelle, c'est moi qui vous cherche dans Paris depuis six mois... et qui avais de la peine à vous reconnaître... Ah! Dieu! comme vous êtes engraissée! Il paraît que l'air de Paris vous a fait du bien!

Les ouvrières se mettent à rire; mais madame Repiqué, qui trouve déjà que la présence de cet intrus, qui n'a rien d'un gandin, peut faire mauvais effet dans sa boutique, s'écrie, en s'adressant à Violette :

— Quel est ce garçon? que vient-il faire ici? que veut-il? Répondez, mademoiselle?... Il n'est pas dans l'usage de ce magasin que mes ouvrières y reçoivent des visites... Cela ne me convient pas!

— Mon Dieu! madame, ce garçon, c'est François Giroflé, un jeune homme de mon pays... et que j'ai été sur le point d'épouser... Je ne lui avais pas dit de venir, moi, et je le croyais toujours dans mon village...

— Non, mam'zelle, je ne pouvais pas y rester, dans ce village, quand vous n'y étiez plus!... Je m'y ennuyais trop!... Certainement, vous ne m'avez pas dit de venir, et, la preuve, c'est que vous ne m'aviez pas donné votre adresse... et que, moi et mon frère Benoît, nous vous avons cherchée partout depuis six mois! C'est par hasard qu'en passant tout à l'heure devant votre boutique, je me suis arrêté pour regarder vos marchandises auxquelles je ne comprends pas grand'chose ; mais comme j'ai besoin d'une paire de bretelles, il m'avait semblé que c'en était, et j'allais vous en marchander...

— C'est bien ! c'est bien, monsieur ! reprend madame Repiqué d'un air protecteur. En voilà assez, vos explications sont suffisantes... Et comme nous ne vendons pas de bretelles, vous pourrez vous dispenser de revenir tomber ici comme un aérolithe. Je vous répète que mes demoiselles ne reçoivent pas de visites dans mon magasin... Vous comprenez, j'espère ?

— Oui, madame ! pardon ! je ne savais pas qu'à Paris il était défendu de recevoir ses amis du village, et surtout celui avec qui on était fiancée... Mais puisque cela n'est pas permis... je n'entrerai plus dans votre bazar...

— C'est bien ! bonjour, monsieur !...

— Ah ! permettez, madame, avant de m'en aller, il faut pourtant que je m'acquitte d'une commission, que je remette à mademoiselle Violette l'argent que j'ai pour elle... Mam'zelle, mon frère Benoît a vendu votre petite maisonnette, ainsi que vous le désiriez, et je vous en apporte le prix, que j'avais toujours sur moi, pour le cas où je vous rencontrerais... C'est mille francs...

— Mille francs ! Tant que cela, Giroflé !...

— Mais, mam'zelle, ce n'est pas trop, et j'aurais voulu vous en remettre davantage... Tenez, voilà le billet de banque... Oh! j'avais si peur d'être volé, qu'à chaque instant je me tâtais pour sentir si j'avais toujours mon portefeuille!

En voyant Giroflé tirer de sa poche le billet de banque qu'il donne à Violette, les ouvrières ouvrent de grands yeux, et madame Repiqué elle-même perd un peu de son air arrogant. La jolie fille a pris les mille francs, elle fourre le billet dans son corset, en disant :

— Merci, Giroflé! je suis bien fâchée de toute la peine que vous avez prise pour me remettre cela!...

— La peine!... Ah! je n'aurais rien eu à vous remettre que je vous aurais cherchée tout de même... Je voulais vous voir... savoir si vous étiez contente.. heureuse!...

— Oui, Giroflé ; merci, adieu!..

— Enfin, à présent, je sais où vous êtes... et si on ne peut pas entrer ici... on peut vous voir de la rue, c'est toujours quelque chose...

— Adieu, Giroflé!...

— Adieu, mam'zelle!... C'est égal, je vois avec plaisir que vous vous portez bien... Madame et la compagnie, je vous salue!

Le pauvre garçon regarde encore Violette; il semble attendre d'elle un doux sourire; mais la jeune fille n'est occupée que du billet de mille francs qui est dans son corset. Giroflé pousse un gros soupir et sort du magasin.

— Il a l'air fort honnête, ce garçon ! dit madame Repiqué, lorsque Giroflé est parti.

— Oh ! oui, madame c'est un bien brave et honnête jeune homme !

— Et pourquoi ne l'avez-vous pas épousé, puisque c'était convenu entre vous ?

— Madame... je ne me souciais pas de me marier... Et puis, je m'ennuyais au village !

— Ah ! c'est différent ; mais, en économisant votre argent... en vous mettant bien au fait du commerce, il est probable que vous vous établirez plus tard à Paris avec ce garçon, qui, sans doute, a aussi des économies ?

Violette ne répond rien ; mais Babiole murmure à son oreille :

— Mille francs ! Il y a joliment de quoi boucher l'œil au portier !

Florestan n'a pas osé venir dans le magasin tant que Giroflé y était, de peur d'être renvoyé à sa caisse par sa femme ; mais il a écouté aux portes. Il n'a pas bien entendu ce qu'on disait, il est très-intrigué, et dès qu'il en trouve l'occasion, il vient dans la boutique, fait des yeux furibonds à Violette qui n'y prend pas garde, et, au bout d'un moment, feignant un air indifférent, dit à sa femme :

— J'ai entendu tout à l'heure une voix d'homme par ici... Est-ce un nouveau client, bobonne, est-ce une commande importante qu'on est venu te faire ?

— Non, monsieur, ce n'est rien de tout cela... mais

un jeune homme qui voulait parler à mademoiselle Violette, et qui avait quelque chose à lui remettre.

— Un jeune homme...

Et, se penchant vers sa femme, M. Repiqué lui dit à l'oreille :

— Tu vois que mes soupçons étaient fondés, et que j'avais raison de faire un trou à la porte...

— Taisez-vous, ne vous mêlez pas de tout ceci ! Je n'ai pas besoin de vous pour veiller sur mes ouvrières !

— Mais, cependant, douce amie...

— Allez à votre caisse !

Giroflé s'était éloigné content d'avoir enfin retrouvé cette jeune fille qu'il adorait, et cependant le cœur gros pour la manière froide dont il en avait été reçu. Son premier soin est d'aller rejoindre son frère, auquel il crie du plus loin qu'il l'aperçoit :

— Je l'ai vue, Benoît ! je sais où elle est !... je lui ai parlé !

— En vérité ! Tu as trouvé Violette ?...

— Oui, je lui ai parlé, te dis-je !... Elle est dans une belle boutique, dans cette rue si longue qu'on appelle la rue de Rivoli... Je passais devant chez elle... Je suis sûr que j'y avais passé déjà très-souvent... Mais on ne peut pas deviner... Aujourd'hui ! ma bonne étoile m'a fait jeter les yeux dans ce magasin... Oh ! un beau magasin ! où l'on vend... je ne sais pas quoi, mais ce doit être des objets de toilette pour femmes... Là, j'ai vu... Je ne pouvais pas croire

8.

que c'était elle, tant elle est engraissée... Elle a pris du corps... de l'estomac... Elle a l'air d'une nourrice...

— Pas possible !

— Cependant, à force de la regarder, je me disais : « Mais il me semble bien que c'est elle ! » Tout à coup, elle a parlé, elle a souri à une de ses camarades, oh ! alors je ne pouvais plus douter ! Je suis entré dans la boutique, où il n'y a que des femmes...

— Une lingère, sans doute ?

— Oui, ce doit être ça... J'ai dit bonjour à Violette... Je lui ai témoigné combien j'étais content de la retrouver...

— Et, de son côté, a-t-elle eu l'air satisfait de te voir ?

— Dame !... oui... un peu... pas trop. Je lui ai donné le prix de sa maison, elle a trouvé que c'était beaucoup... Elle m'a bien remercié... et puis...

— Elle t'a engagé à l'aller voir quelquefois ?

— Oh ! non, au contraire ; la maîtresse du magasin... qui n'a pas l'air aimable, m'a dit : « Monsieur, mes demoiselles ne doivent recevoir aucune visite ici... Ça ferait mauvais effet dans mon magasin... » Et, là-dessus, elle m'a montré la porte...

— Mon ami, cela prouve que Violette est dans une maison fort bien tenue, où l'on est très-sévère sur la conduite des jeunes personnes que l'on emploie. Ceci te garantit la vertu de Violette !

— Oui, tu as raison, Benoît ; en effet, si on ne laisse

entrer aucun homme dans cette boutique, on ne fera pas la cour à Violette... Elle sera toujours sage... et, à Paris, on dit que c'est si difficile!... Mais j'étais bien sûr que ma fiancée ne se conduisait pas mal...

— Tu la regardes donc encore comme ta fiancée ?

— Pourquoi pas? Tant qu'aucun autre homme ne lui parlera, il me semble que je peux toujours espérer. C'est égal, si je ne peux pas aller lui parler, je puis aller la voir, à travers les vitres du magasin, et c'est ce dont je ne me priverai pas. Benoît, veux-tu y venir avec moi, dès ce soir ?

— Non, mon ami, je ne suis point amoureux de Violette, moi, et j'ai des exemples à faire pour mon élève l'épicier. Mais, toi-même, ne dois-tu pas, ce soir, aller répéter des quadrilles sur ton piston ?

— Oui ; mais j'ai le temps! On répète tard, et, auparavant, je puis bien aller donner un petit coup d'œil à Violette.

Le soir, Giroflé ne manque pas, en effet, de se rendre rue de Rivoli, et de s'arrêter devant le magasin de la *Poule blanche;* mais il est bien désappointé en trouvant toutes les vitres doublées d'épais rideaux ; impossible de rien apercevoir dans l'intérieur de la boutique. Le soir, madame Repiqué jugeait inutile de laisser les passants plonger leurs regards sur ses ouvrières.

Après s'être promené pendant trois quarts d'heure devant le magasin de corsets, le pauvre Giroflé se décide à s'en aller, en se disant :

— Il paraît que cette dame ne laisse pas voir ses ouvrières le soir... Allons! ce sera pour demain; mais, demain, je serai par ici de bonne heure.

Le lendemain, à dix heures du matin, Giroflé était planté comme un piquet devant une porte cochère qui séparait deux boutiques de la maison en face de la *Poule blanche*. Mademoiselle Babiole qui, sans en avoir l'air, voit tout ce qui se passe dans la rue, ne tarde pas à dire tout bas à Violette :

— Votre amoureux... le jeune homme qui est venu hier, est en face dans la rue!... il y a déjà longtemps qu'il est là; il ne bouge pas plus qu'une borne... Il attend sans doute que vous le regardiez...

— Eh bien! il attendra longtemps... Si je le regardais, il croirait que je suis contente qu'il soit là, il y viendrait tous les jours, et cela m'ennuie.

Bientôt, Violette étant appelée par sa patronne pour passer dans l'arrière-boutique, elle quitte sa place et disparaît aux yeux de Giroflé, qui s'éloigne tout triste en se disant :

— Elle ne m'a pas aperçu!... Elle ne se doute pas que j'étais là, sans quoi elle m'aurait fait un petit signe d'amitié.

Pendant plusieurs jours, Giroflé revient vers le midi se placer au même endroit, en face des corsets. Cette persistance à se tenir devant la porte cochère commence à paraître singulière au portier de la maison, qui, un matin, s'approche du jeune homme et lui dit :

— Qu'est-ce que vous attendez donc ici ?

— Moi, je n'attends personne.

— Alors, qu'est-ce que vous venez faire tous les matins à cette place... où vous bouchez ma porte cochère ?

— Je bouche votre porte cochère... à moi seul ? Je ne suis pas assez gros pour ça !

— Enfin, vous gênez la circulation... D'ailleurs, ce n'est pas naturel ; voilà huit jours que vous venez vous flanquer à cette place où vous restez fort longtemps... Vous êtes donc un mouchard ?

— Non, monsieur, je suis tout simplement un amoureux qui cherche à voir un peu l'objet de son amour, qui est employé là... dans cette boutique en face...

— Dans les corsets ?... Ah ! c'est différent... il fallait donc le dire tout de suite ! Mais vous perdez votre temps ; les demoiselles de madame Repiqué ne s'occuperont pas de vous ! Vous n'avez pas une mise assez chiquée pour ça !

Et le portier rentre dans sa maison, en haussant les épaules et murmurant :

— Ça veut faire des conquêtes !... et ça porte une casquette !... et un paletot qui a l'air d'une veste !... En voilà un qui est bien de son village !

Cependant Giroflé ayant été un jour sans se rendre devant le magasin de corsets, quand il s'y place le surlendemain, il aperçoit Violette habillée avec le corset qui amincit la taille et la rend extrêmement fluette.

— Ah! mon Dieu! comme elle est maigre! se dit Giroflé qui ne peut en croire ses yeux. Quel changement dans toute sa personne depuis deux jours!... Oh! bien sûr, elle a été malade... Ma foi, tant pis! on me grondera si on veut, mais il faut que j'en aie le cœur net.

Et, courant ouvrir la porte du magasin, le pauvre garçon y entre presque aussi brusquement que la première fois, et s'adresse à Violette d'une voix émue :

— Pardon, mam'zelle, si je vous dérange...! Mais je vous vois si changée depuis avant hier..., ça m'a inquiété... Vous avez donc été malade, que vous êtes maigrie comme ça en si peu de temps?...

Toutes les ouvrières partent d'un éclat de rire, Violette seule montre de l'humeur, et répond assez sèchement :

— Non, je n'ai pas été malade... Mais puisque vous voilà, monsieur Giroflé, je suis bien aise de vous dire, devant madame, que je ne vous ai point autorisé à venir tous les jours vous planter comme vous le faites devant ce magasin pour nous regarder; que cela m'est très-désagréable, au contraire, et que je vous prie de ne plus continuer à agir ainsi!

— Vous entendez, jeune homme? s'écrie à son tour madame Repiqué. Votre conduite compromet ma maison... Et, si vous ne cessez pas de vous placer tous les jours en sentinelle devant mon magasin, je m'en plaindrai au commissaire, qui saura bien vous faire déguerpir.

— Pardon!... c'est différent, madame! Du moment que cela contrarie tout le monde... que c'est surtout désagréable à mam'zelle Violette... je ne viendrai plus!... Oh! soyez tranquille, on ne me verra plus!

Et Giroflé s'en va en essuyant les larmes qui obscurcissent ses yeux, et en se disant :

— C'est beau d'être sage ; mais ne pas même vouloir qu'on la regarde!... Ah! c'est par trop de sévérité.

XII

LE BAL.

Madame Repiqué continuant, grâce à son mannequin, à voir les dames venir en foule chez elle pour s'y faire faire des corsets, avait fait don à Violette des deux qu'elle portait alternativement pour se mettre en montre, et d'un autre très-ordinaire pour les jours où elle ne devait pas servir de modèle.

Mais il ne suffisait pas à la jolie fille d'être très-bien montée en corsets, elle voulait goûter aussi des plaisirs de Paris, et commençait à s'ennuyer horriblement dans son magasin, lorsqu'un jour, pendant que madame déjeunait avec son volage époux, Babiole dit tout bas à Violette, qu'elle tutoyait depuis quelque temps, parce qu'entre jeunes filles l'intimité s'établit très-vite :

— Ma petite, le carnaval est arrivé, et avec lui la saison des bals, des soupers, des plaisirs, enfin... Est-ce que tu ne veux pas en goûter un peu ?

— Oh ! si... j'en veux goûter beaucoup même, et je compte sur toi pour m'en procurer. J'avais cru, en venant à Paris, que Marjoleine et Toinon s'occuperaient de me faire avoir de l'agrément ; mais je vois bien que je me suis trompée, et qu'elles ne pensent plus à moi !

— Qu'est-ce que c'est que ça, Marjoleine et Toinon ?

— C'est madame Trafalgar et madame de Boucherose, qui s'appelaient ainsi au village... avant d'être de grandes dames.

— Jolies grandes dames qui ne savent pas même écrire ! Celle qui vit avec un Turc a voulu une fois, ici, nous donner une adresse ; elle a été une heure pour mettre le nom d'une rue, et M. Repiqué n'a jamais pu trouver cette rue-là !... Mais tu n'as pas besoin de ces dames pour t'amuser ; tu possèdes ce qui vaut mieux que toutes les protections possibles, ce qui permet de satisfaire toutes ses fantaisies... de l'argent, enfin... Car je présume que tu n'as pas dépensé tes mille francs, en restant constamment dans ce magasin ?

— Oh ! je n'y ai même pas touché... Je porte toujours mon billet sur moi, de crainte de le perdre.

— Donne-le-moi ; pendant que les patrons déjeunent, je vais aller le changer contre de l'or... Il y a un changeur ici, à deux pas... Il faut bien que tu aies de la monnaie pour suborner le portier... Je garderai ce qu'il faut pour te louer un joli costume et un pour moi ; un débardeur, ça te va-t-il ?

— Qu'est-ce que c'est que ce costume-là ?

— Oh! c'est très-bien porté! C'est moitié homme et moitié femme. On a un pantalon ; mais on montre ses épaules ; sois tranquille, tu seras charmante en débardeur.

— Je m'en rapporte à toi. Et quand irons-nous au bal?

— Ce soir même; il y a bal à l'Opéra. Et c'est à l'Opéra que nous irons, rien que ça !

— Ce soir à l'Opéra! Ah! quel plaisir !

— A onze heures, tu descendras de ta chambre, tu mettras le portier dans tes intérêts. Tu me trouveras à la porte. Tout à l'heure on doit m'envoyer en courses ; je profiterai de cela pour aller louer nos costumes et les porter chez moi, où nous irons nous habiller.

— Et nous irons toutes seules au bal ?

— Oh! non! Il faut avoir des cavaliers ; mais Gratinet viendra me chercher.

— Quel est ce Gratinet ?

— C'est un jeune clerc d'avocat, qui me fait la cour depuis deux ans, et qui m'épousera quand il passera avocat. Il est bien gai, bien farceur. Par exemple, il a toujours soif!... C'est extraordinaire ce qu'il consomme de chopes et de bocks! Et il fume!... jusqu'à quinze cigares par jour !... Même que ça le ruine !... Mais il aime mieux fumer que de s'acheter un pantalon !... Je le gronde souvent pour cela.

— Ce sera ton cavalier ?...

— Oh! tu auras le tien aussi; il amènera un de ses amis... J'ai prévenu Gratinet que tu viendrais avec nous, et, de son côté, il m'a dit : « J'amènerai Grisgris... » Oh! s'il amène Grisgris, nous rirons bien ! En voilà encore un jeune homme aimable !... Il marche sur la tête... il sait toutes les danses... il connaît tous les acteurs et actrices de Paris, et il a l'intention de faire bâtir un théâtre dont il sera le directeur, et où on ne jouera que ses pièces... C'est pas bête, ça !

— Il est donc riche, ce monsieur Grisgris ?

— Je ne crois pas... Mais il a de hautes connaissances; il trouvera des millions tant qu'il en voudra !... Du moins, c'est lui qui le dit !... Mais je bavarde et le temps se passe; donne-moi vite ton billet !...

Violette a remis son billet de banque, que Babiole court changer. Elle rapporte de l'or qu'elle donne à son amie, en lui disant :

— J'ai gardé cent francs, parce que, outre nos costumes, nous pouvons avoir besoin de nous rafraîchir, et Gratinet n'est pas toujours en fonds...

— Mais l'autre, qui a des millions dont il peut disposer ?

— Oui, mais il n'en dispose pas encore... N'oublie pas de descendre quand on sera couché...

— Oh! il n'y a pas de danger que j'oublie cela!

Onze heures ont sonné, le magasin de corsets vient de fermer, et les demoiselles sont montées à leur cinquième étage. Violette attend quelque temps que ses voisines du carré ne fassent plus aucun bruit; alors elle ouvre bien doucement sa porte, la referme de même, et descend l'escalier comme un sylphe. Arrivée devant la loge du portier, qui attend encore des locataires, elle passe sa tête en murmurant:

— Monsieur Picard...

— Tiens! c'est mam'zelle Violette!... Par quel hasard?... Est-ce que vous êtes indisposée?

— Nullement, monsieur Picard, mais je veux aller au bal...

— Au bal? Ah! diable!... Et les patrons?

— Ils n'en sauront rien, si vous m'ouvrez quand je sonnerai à cinq heures... avant le jour...

— Oh! mais! c'est que... vous aider à les tromper!... Vous comprenez que... ma moralité...

— Monsieur Picard, voulez-vous accepter ceci?

Et la jeune fille présentait au portier une pièce de vingt francs. Celui-ci ouvre de grands yeux; il prend la pièce d'or, l'examine, sourit comme s'il voulait la baiser, puis s'écrie:

— C'est pour moi tout ça?

— Sans doute, si vous voulez bien l'accepter...

— Je crois bien que je l'accepte! Allez donc au bal, mon enfant, allez-y tant que vous voudrez, amusez-vous, c'est de votre âge !... Jeune et gentille comme vous l'êtes, ce serait un meurtre de ne pas profiter de vos beaux jours !...

— Ainsi, vous m'ouvrirez quand je reviendrai cette nuit ?

— A l'heure que vous voudrez, ne vous gênez pas... D'ailleurs, j'y suis accoutumé, presque toutes les bonnes de la maison en font autant que vous...

— Elles vont toutes au bal ?

— Je ne sais pas où elles vont, mais elles ne couchent guère dans leur chambre !

— Tirez-moi le cordon...

— Ça y est ; bien du plaisir !

Violette est dans la rue ; elle regarde autour d'elle et cherche des yeux Babiole. Au lieu de sa camarade, elle voit venir à elle, en sautillant, un jeune homme coiffé de ces nouveaux chapeaux à forme ronde qui ressemblent parfaitement à des cuvettes, et portant un paletot qui lui couvre à peine le derrière. Ce jeune homme salue Violette, en lui disant :

— Mademoiselle, je vous attendais ; je suis Gratinet, dont Babiole doit vous avoir parlé... Vous deviez trouver ici votre amie ; mais en entrant chez elle, elle a examiné ses costumes, et s'est aperçue que son pantalon de débardeur était beaucoup trop large pour ce qu'elle avait à mettre dedans ; il faut donc qu'elle y fasse une pince, cela prendra du temps, c'est pourquoi elle m'a envoyé à sa place. Prenez mon bras et nous allons nous rendre chez Babiole, en deux temps...

— Est-ce loin, monsieur?

— Pas très-loin : rue Croix-des-Petits-Champs.

— Mais c'est qu'il pleut?...

— Oui, mais j'ai un rifflard... je vais l'ouvrir...

— Si nous prenions une voiture pour arriver plus vite?

— J'y ai bien pensé, mais nous en chercherions en vain; à Paris, quand il pleut, on ne trouve plus de voiture... Mais nous volerons!... Permettez seulement que j'allume mon cigare... Cela ne vous incommode pas, le tabac?

— Oh! non, monsieur, au contraire, j'aime cette odeur-là.

— Vous aimez l'odeur du tabac? Mademoiselle, vous êtes à encadrer!

Violette a pris le bras de M. Gratinet qui a allumé son cigare. Ils marchent très-vite, d'autant plus que le parapluie, qui est censé les abriter, est rempli de trous et déchiré à plusieurs endroits.

— Ma scélérate de portière m'avait dit qu'elle avait raccommodé mon parapluie! s'écrie Gratinet; mais je m'aperçois qu'elle m'a filouté mon *quibus*...

— Il est certain que je suis toute mouillée!

— Heureusement, vous allez changer de costume en arrivant.

— Et vous, monsieur, est-ce que vous ne vous déguisez pas?

— Si fait! Oh! mais, moi, j'ai mon costume qui m'appartient, mon pierrot! C'est plus agréable; on n'a pas la peine d'en louer.

— Alors vous vous déguisez toujours en pierrot?

— Naturellement; mais c'est ce qu'il y a de mieux pour un homme... Ah! voilà un café... entrons prendre une chope...

— Non, monsieur, non; je suis mouillée, et il me tarde d'être chez Babiole...

— Nous prendrons chacun un bock!... C'est si vite avalé!

— Merci; d'ailleurs, je n'aime pas la bière!

— Vous n'aimez pas la bière? Vous m'étonnez!...

— Dépêchons-nous, monsieur, car, en vérité, votre parapluie me fait l'effet d'une gouttière.

Le couple ne marche plus, il vole. On arrive chez Babiole, qui possède une chambre assez gentille, au troisième, dans une maison à allée.

— Ah! ma pauvre Violette, comme te voilà mouillée! s'écrie Babiole en faisant entrer son amie. Vous n'aviez donc pas de parapluie?

— Celui de monsieur est comme une poêle à marrons.

— Gratinet, pourquoi n'avez-vous pas pris une voiture pour amener Violette?

— Pourquoi?... Parce qu'il n'y en avait pas sur la place!

— C'est drôle, avec vous on ne trouve jamais de voiture!

— J'ai offert à mademoiselle une chope, elle m'a refusé.

— Elle a très-bien fait. Allez vous habiller et soyez ici à minuit. Et Grisgris ?

— Il sera des nôtres, c'est convenu.

— Comment sera-t-il costumé ?

— En pierrot, comme moi !

— Ah ! que vous êtes embêtant avec vos pierrots ! Ce n'est pas joli du tout.

— Quand ceux qui les portent le sont, cela suffit.

— Voyez-vous ce monsieur qui se fait des compliments !...

— Au revoir, mes belles, à bientôt !

Et M. Gratinet s'en va en chantant la marche des *Tartares : Allons, mes belles, suivez-nous !*

— Comment trouves-tu Gratinet ? dit Babiole, dès que son amant est parti. Il est gentil, n'est-ce pas ?

— Dame ! ça dépend du goût !

— Et de l'esprit, comme une fouine !

— Mais mon costume... Fais-moi donc voir mon costume !... Je brûle de le mettre !...

— Tiens ! le voilà étalé sur mon lit... J'espère que tu seras contente... il est ravissant !

Violette examine le costume de débardeur.

— Ah ! c'est cela ?... Mais c'est un vêtement d'homme !

— Qui n'est porté que par des femmes... Regarde donc ce pantalon en velours avec ces bandes en argent... ces grelots... ces broderies !

— Oh ! habille-moi bien vite ; il me tarde de me voir là-dedans !

Babiole habille la jeune fille qui ne s'était jamais déguisée, qui n'a jamais été dans un bal masqué, et qui est charmante sous son costume de débardeur.

— Il y en a qui se mettent de la poudre dans les cheveux, dit Babiole ; mais, comme tu as de fort beaux cheveux noirs, tu n'as pas besoin de les salir avec de la poudre... Tu es ravissante !... Seulement, il faut te décolleter davantage... Dans ce costume-là, vois-tu, il faut un peu se débrailler !

— Oh ! je ne veux pas me découvrir plus que cela !... D'ailleurs, j'aurais froid.

— Tu n'auras pas froid au bal...

— Je me sens gênée là-dedans...

— Ça va se faire : marche, saute, gambade ; exerce-toi à envoyer le pied en l'air... le plus haut possible.

— Pourquoi faire ?

— Parce que cela prouve que l'on sait les danses à la mode, et que c'est bon genre. Maintenant, il faut que je m'habille bien vite, car si je n'étais pas prête quand ces messieurs viendront, Gratinet me ferait une scène.

Au bout d'une demi-heure Babiole était prête, et les deux jeunes filles attendaient avec impatience que leurs cavaliers vinssent les chercher ; déjà la petite Babiole trépignait des pieds avec colère, en disant :

— Il est minuit et quart, ils ne viennent pas !... Je suis sûre que ce petit scélérat de Gratinet a voulu boire un bock !... Viens, Violette, que je t'apprenne à polker et à galoper ; car, à l'Opéra, il faut savoir se tenir ferme.

Enfin, des chants, des éclats de rire se font entendre dans l'escalier, et bientôt les deux pierrots se présentent.

M. Grisgris est un fort joli garçon, l'air un peu mauvais sujet et très-effronté ; mais, en riant, il laisse voir de si belles dents, et son regard est si pénétrant, qu'on lui pardonne de se montrer quelquefois trop familier.

Il entre dans la chambre en faisant une pirouette qu'il va finir sur Babiole, qu'il embrasse ; puis il s'arrête devant Violette, l'examine et s'écrie :

— C'est là notre jeune amie... la nouvelle néophyte... qui vient au bal pour la première fois ?

— Oui, monsieur.

— Charmante, parole d'honneur ! Nous nous nommons ?

— Violette, monsieur.

— Violette ! nom délicieux d'une fleur dont il ne faut pas avoir la modestie, parce que la modestie n'est bonne que pour les niais... Ah ! jolie Violette, que de conquêtes vous allez faire !... Mais j'y mettrai bon ordre, car, avant tout, vous avez fait la mienne..., je sens que je vous idolâtrerai.

— Quoi ! monsieur, déjà ?

— En carnaval, ma belle amie, on mène l'amour très-vite ; on supprime les soupirs, les fadeurs...

D'abord, on se tutoie tout de suite... Tu entends, mon ange?...

— Ah! monsieur... vous êtes bien hardi!

— Ah! ah! ah! entendez-vous, les autres? La jeune Violette me trouve hardi, parce que je la tutoie. Oh! innocence champêtre!... Mais le bal de l'Opéra mettra tout cela au pas. Polkons-nous un peu, au moins?... Voyons cela!...

Et Grisgris, passant son bras sous la taille de Violette, la fait polker dans la chambre.

— Pas mal!... Nous avons de l'oreille, de la mesure... nous sommes légère comme une plume... ça ira!

— Partons, messieurs; j'espère que vous avez une voiture en bas?

— Oui, certes... un coupé superbe! Nous serons un peu gênés tous les quatre dedans... mais nous aurons plus chaud... A propos, Babiole... prends de l'argent... Je crois que je n'en ai plus beaucoup sur moi, et Grisgris a oublié sa bourse dans son costume de ville.

— Oui, je suis si étourdi!... Je n'en fais jamais d'autres...

— C'est gentil!... Et pour nous faire entrer à l'Opéra?

— Rassurez-vous, mesdemoiselles; d'abord, nous deux Grisgris nous sommes abonnés, et voilà des billets pour vous.

— D'ailleurs, dit Violette, si vous n'aviez pas de

billets, ça ne ferait rien! J'ai de l'argent, moi, j'ai pris cent francs en or, est-ce assez?

— Cent francs! s'écrient les deux pierrots en faisant des cabrioles dans la chambre.

— L'as-tu bien entendue? elle a cent francs!

— Elle a cent francs!

— Mais ce n'est pas une femme! c'est une divinité!

— Ah! quel souper nous allons faire!...

— Mademoiselle, si cela vous déplaît que je vous tutoie, je m'en abstiendrai...

— Pourquoi donc, monsieur? Si c'est l'usage quand on est déguisé, je m'y accoutumerai.

— Au reste, mademoiselle, soyez bien persuadée que si, cette nuit, nous nous permettons de vous laisser payer le souper, c'est avec l'intention la plus formelle de vous rembourser tout cela.

— Oh! monsieur, cela ne ferait rien... je serais très-contente de vous offrir à souper... Je ne sais que faire de mon argent.

— Elle ne sait que faire de ses monacos! entends-tu, Babiole? Tu ne m'as jamais dit de ces choses-là, toi!... Si nous allions souper tout de suite?...

— Non, non, au bal d'abord! On vous connaît, Gratinet; on ne pourrait plus vous faire quitter la table!

— Oui, dit Grisgris en prenant le bras de Violette, au bal d'abord, et vive la danse! elle donne de l'appétit.

Les deux couples sont partis ; ils arrivent à l'Opéra. Là, dès le péristyle, Violette se sent comme enivrée par tout ce qu'elle voit et tout ce qu'elle entend : cette foule, ces masques, cette chaleur, cette musique, l'étourdissent, mais lui font éprouver un plaisir dont elle ne se faisait aucune idée. Lorsqu'elle entre dans la salle, lorsqu'elle pénètre dans l'enceinte de la danse, elle se serre fortement au bras de Grisgris, car elle n'ose plus marcher, plus avancer. Mais l'orchestre joue une polka ; alors Grisgris lui prend la taille, l'entraîne et la fait polker, en lui disant :

— Ferme ici ! et surtout n'ayons pas peur d'être cognée ni de cogner les autres ; rien ne donne de l'aplomb comme la danse.

Le joli garçon avait raison. Après la polka, Violette est en nage, mais elle n'a plus peur ; après le quadrille suivant, elle n'est plus timide ; après le galop, elle se sent la plus grande envie d'envoyer son pied dans le nez du vis-à-vis, comme elle l'a vu faire à plusieurs petites femmes en dansant. Aussi Grisgris est-il enchanté de son écolière, et, dans les intervalles de la danse, ne cesse-t-il pas de lui dire des choses fort tendres et de lui jurer qu'elle lui tourne la tête.

Violette reçoit toutes ses déclarations en riant ; mais elle les écoute avec plaisir, car Grisgris est fort aimable, et il a une manière de la regarder qui lui fait battre le cœur.

Babiole et Gratinet dansent aussi de leur côté ; la foule sépare souvent les deux couples ; mais le jeune clerc d'avocat fait toujours en sorte de retrouver Violette ; il ne veut pas perdre de vue celle qui doit leur payer à souper.

Le temps passe vite, quand on s'amuse, et les deux ouvrières de madame Repiqué adoraient la danse et ne voulaient en manquer aucune. Déjà plusieurs fois Gratinet avait dit :

— Allons souper !

Et on lui avait répondu :

— Pas encore.

Mais, comme il faut que Violette soit rentrée à six heures au plus tard, à quatre, les deux pierrots arrachent leurs danseuses aux douceurs d'une valse, et l'on va s'installer dans un petit salon de la Maison-Dorée.

On fait un souper fin, délicat, choisi ; personne ne se grise, excepté Gratinet, qui ne peut supporter que la bière. Enfin, à cinq heures et demie, Violette, qui craint d'être vue, veut absolument s'en retourner, d'autant plus qu'avant de rentrer chez elle il faut qu'elle aille chez Babiole ôter son déguisement et reprendre ses vêtements. On part, on monte en fiacre ; Violette va chez Babiole se changer, puis le fiacre la descend à quinze pas de sa demeure, et elle dit adieu à son gentil pierrot, en lui promettant de recommencer la même nuit le samedi suivant.

XIII

UN ORCHESTRE EN DÉSARROI.

Trois samedis se sont suivis, qui ont été aussi bien employés. Seulement, maintenant Violette s'est fait acheter par Babiole un gentil costume de Colombine ; de cette façon elle peut s'habiller dans sa petite chambre avant de se rendre chez son amie, et, après le souper, peut retourner chez elle sans avoir besoin d'aller chez Babiole reprendre ses vêtements ; ce qui, comme disait fort bien Gratinet, prenait beaucoup de temps et les empêchait de rester à table aussi longtemps qu'ils l'auraient désiré.

Grisgris est toujours le cavalier de Violette : le futur millionnaire est plus tendre, plus amoureux que jamais ; mais il a toujours oublié sa bourse, et Gratinet ne peut jamais offrir aux dames que des bocks ou des cigares.

Les œillades fascinantes, les pressions de mains, les déclarations brûlantes de Grisgris commencent à amollir le cœur de Violette, qui cependant n'a pas encore accordé un tête-à-tête ; mais le joli pierrot, qui n'a pas l'habitude de filer le parfait amour et qui ne veut point qu'un autre vienne lui souffler une aussi jolie conquête, a fait son plan ; et, un samedi, tout en se promenant dans le bal avec la charmante Colombine à son bras, il lui dit :

— Ma chère amie, est-ce que vous ne trouvez pas que c'est bien peu de ne se voir que tous les huit jours, quand on éprouve tant de plaisir à être ensemble ?

— Oh ! je suis de votre avis... et la semaine me semble bien longue ! Mais puisqu'il n'y a bal à l'Opéra que le samedi...

— Sans doute ; mais il n'y a pas pour danser que le bal de l'Opéra : il y en a d'autres, et qui n'ont pas lieu le samedi. Par exemple, le jeudi, à Montmartre, je connais un petit bal masqué ou paré si l'on veut ; c'est moins brillant qu'à l'Opéra, mais on s'y amuse souvent davantage... Voulez-vous y venir jeudi ?

— Mais, avec plaisir !... Maintenant que le portier est dans mes intérêts, j'irais volontiers toutes les nuits au bal.

— Toutes les nuits, cela vous fatiguerait ;... deux fois la semaine, ce n'est pas trop...

— Alors, je vais prévenir Babiole...

— Pourquoi faire? et qu'avez-vous besoin de Babiole maintenant pour aller au bal? Quelle nécessité d'emmener toujours avec nous M. Gratinet et sa maîtresse, qui nous perdent tout le temps du bal et ne nous retrouvent que pour aller souper?... Ce Gratinet ne pense qu'à manger, et il ne sait pas boire!... Il n'a jamais d'argent... Moi, dans ce moment, je n'en ai pas non plus, c'est vrai; mais j'en aurai... je vais réunir des millions, avec des actionnaires... je ferai bâtir un théâtre... c'est la place que je cherche... Ah! c'est bien important! Je balance entre la place Maubert et la place du Caire...

— Ah! de grâce, parlons du bal de jeudi! Je ne comprends rien aux théâtres, moi.

— Vous avez raison; revenons à mon projet... Je vous disais qu'il est inutile de nous empêtrer toujours de Babiole et de Gratinet. Qu'avez-vous besoin de donner à souper à ce monsieur et à cette dame?... Cela vous ruine... et, tous deux, nous nous amuserons bien mieux...

— Au fait, c'est vrai... je puis bien aller danser sans Babiole. Maintenant que j'ai mon costume, je descends tout habillée... vous m'attendez en bas avec une voiture... et vous me ramenez également à ma porte...

— C'est cela même. Ainsi, c'est convenu: pas un mot à Babiole!

— Pas un mot! Et jeudi, à onze heures et quart, vous m'attendrez avec une voiture?...

— C'est arrêté. Tu es charmante !

— Ah ! vous me retutoyez ?

— Je redeviens Pierrot et toi Colombine. On va danser... vite en place !

Cette nuit se termine comme les autres. On a ramené Violette à sa porte, et elle monte à sa toute petite chambre en songeant déjà au plaisir qu'elle goûtera le jeudi ; plaisir qui lui semble d'autant plus piquant que Babiole n'en saura rien ; et du moment que dans une action il faut mettre du mystère, une femme y prend bien plus d'agrément.

Ce jour, ou plutôt cette nuit tant souhaitée arrive à son tour ; car tout arrive, ici-bas, le plaisir comme la peine, et souvent nous nous apercevons que ces journées tant désirées sont encore arrivées trop tôt, puisqu'elles devaient passer si vite ! car le souvenir ne vaut jamais l'espérance.

Le jeudi, Violette a revêtu, à onze heures du soir, son joli costume de Colombine. Elle descend ensuite bien doucement, montre sa tête au portier, qui murmure : « Compris ! » et tire le cordon. Grisgris est là, enveloppé dans un macferlane qui couvre une partie de son pierrot. Un fiacre est à deux pas ; on y monte et on part pour le bal de Montmartre. M. Grisgris veut prendre quelques baisers, ravir quelques faveurs ; mais on le repousse en lui disant :

— De grâce !... vous allez me chiffonner !...

Et il n'y a rien de sage comme une femme qui a peur d'être chiffonnée.

On arrive au petit bal de Montmartre qui est très-mélangé, mais où il y a foule. La danse y est animée, et l'on s'y permet un cancan beaucoup plus hardi qu'à l'Opéra. L'orchestre est assez bon ; on y distingue surtout un piston qui fait merveille et exécute des solos très-applaudis par les danseurs, qui crient au milieu du quadrille :

— Bravo, piston !

— Fameux le piston !

— Hurrah pour le piston !

Le musicien qui joue de cet instrument n'est autre que le pauvre Giroflé, qui, voulant, comme son frère, gagner de l'argent, a pris dans cet orchestre la place qu'on lui a proposée et, depuis le commencement du carnaval, y tient l'emploi de piston solo, à la grande satisfaction des danseurs et du chef d'orchestre.

Violette, qui est folle de la danse et qui, grâce aux leçons de Grisgris, est devenue d'une jolie force sur le cancan, ne veut pas manquer un quadrille, une valse, ni une polka. Déjà plusieurs fois en dansant elle a passé sous les yeux de Giroflé qui, tout occupé de bien souffler dans son instrument, fait peu attention à cette foule qui cependant l'applaudit souvent. Mais un quadrille nouveau commence, et il se trouve que Violette et son pierrot sont placés devant l'orchestre et justement du côté où est le piston.

La danse va son train ; mais la grosse caisse, qui est derrière Giroflé, s'écrie tout à coup, en regardant Colombine :

— La jolie femme ! Ah ! bigre ! voilà ce que j'appelle une jolie femme !... Regardez donc, piston, en face de nous, déguisée en colombine.

Giroflé se contente de répondre :

— Ça m'est bien égal !

Et il s'apprête pour son solo ; mais la grosse caisse reprend :

— Regardez-la un peu... pour convenir que j'ai bon goût.

Giroflé regarde ; il demeure tout saisi, tant il trouve que cette Colombine ressemble à Violette. Il oublie son solo ; le chef d'orchestre se tourne vers lui, en criant :

— A vous, piston... allez donc !... à vous !... Eh bien ! est-ce qu'il dort ?

Et la grosse caisse pousse Giroflé, en lui disant :

— Ah ! mais vous la regardez trop à présent ; vous en oubliez votre rentrée, camarade... Soufflez donc !

En ce moment Giroflé vient de voir la jolie Colombine envoyer le bout de son pied dans le nez de son vis-à-vis. Ce geste le rend à lui-même ; il se dit : « Que je suis bête de croire que cela peut être Violette !... Est-ce qu'elle lèverait la jambe comme ça, elle qui est dans une maison si sévère, si bien tenue ? »

Et il se remet à jouer de son instrument. Mais lorsque la figure est finie et que ce n'est plus au tour de Violette de danser, elle cause et rit avec Grisgris. Alors Giroflé s'interrompt en murmurant :

— Mais, pourtant, on dirait bien que c'est elle !.. Ah! mon Dieu ! et comme elle sourit à ce pierrot !

Le chef d'orchestre est furieux ; il fait des yeux terribles à son musicien, en lui criant :

— Allez donc, sacrebleu ! Qu'est-ce que vous faites à présent ?... Ce n'est pas ça !... Ah ! le malheureux !... il est donc gris ?... Mais qu'il se taise alors... il déshonore mon orchestre !

En effet, Giroflé jouait en dépit du bon sens et de l'oreille, ne sachant plus ce qu'il faisait, soufflant à tort et à travers, faisant des couacs, allant en trois temps quand la mesure était en quatre ; cela devient si fort que les danseurs se mettent à crier :

— Ohé ! piston... tu te mets dedans, cher ami !

— Assez ! assez ! tu nous embrouilles ! Tu as un petit coup de trop ce soir, va te coucher !

Enfin le quadrille finit. Giroflé n'attend pas que le chef d'orchestre vienne lui parler ; il a déjà quitté sa place ; il est dans le bal. Il pousse, il bouscule tout le monde ; il cherche la Colombine qui dansait devant lui. Enfin il l'aperçoit au bras de son pierrot. Il court se placer devant elle ; il ne peut plus en douter, c'est Violette ; et il l'arrête, en lui disant :

— Est-ce bien possible ?... C'est vous, mam'zelle Violette ?... vous, en chienlit ?... vous, au bal ?... vous qui dansez... la jambe en l'air ?...

Violette est un moment troublée en reconnaissant son fidèle amoureux, mais elle ne tarde pas à se remettre et répond :

— Eh bien ! oui, c'est moi... Qu'y a-t-il donc là de surprenant ? Est-ce que vous avez cru que je n'étais venue à Paris que pour passer ma vie dans le magasin de madame Repiqué ?... Je veux m'amuser et je m'amuse... Prétendriez-vous m'en empêcher ?...

— Vous en empêcher ! vous, ma princesse ? s'écrie à son tour Grisgris en toisant Giroflé d'un air dédaigneux. Je voudrais bien voir que ce particulier en eût seulement la fantaisie... Comment, mauvais piston ! c'est toi qui te permets d'appeler chienlit une aussi jolie Colombine ?... Mais si tu t'avises de répéter ce mot, je te fais avaler ton instrument !... je t'empale avec ton piston !...

— Pierrot, je ne vous parle pas... ce n'est pas à vous que j'ai affaire ; mais n'ayez pas l'air de me menacer !... sans quoi je vous rosse, je vous aplatis... je vous casse comme une allumette !

En disant cela, Giroflé a déjà saisi un bras de M. Grisgris, et il le serre avec tant de force que celui-ci devient violet tout en faisant de vains efforts pour se dégager. Alors, c'est Violette qui repousse celui qui fut son fiancé, en lui disant d'une voix irritée :

— Monsieur Giroflé, je vous ordonne de lâcher monsieur !... Je vous défends de lui dire un mot, et désormais je ne vous connais plus ! je vous défends de me parler !

Le pauvre garçon pâlit, sa main a cessé de tenir le bras du pierrot ; il baisse les yeux vers la terre, en murmurant :

— Cela suffit, mademoiselle, cela suffit!... je vous obéirai.

Puis, fendant la foule qui déjà se pressait autour de lui, il sort de la salle du bal encore plus rapidement qu'il n'y est entré ; mais il ne remonte pas à son orchestre; il part, le cœur brisé, bien résolu à ne plus faire danser dans aucun bal.

— Saprelotte ! quel bélître ! dit Grisgris en reprenant son arrogance qu'il avait entièrement perdue sous l'étreinte de Giroflé. Il a bien fait de s'en aller, ce monsieur, sans quoi il y aurait eu du sang de répandu ! Et d'où connaissez-vous ce grossier personnage, petite?

— Du village... C'est un jeune homme qui voulait m'épouser.

— Comme il est bien de son village !... Mais oublions cet incident qui vous a tout émue... voici une valse, cela vous remettra.

Cependant la fuite du piston a désorganisé l'orchestre, qui se trouve privé de son plus bel ornement. Les danseurs s'en plaignent ; mais il n'y a pas eu moyen de rattraper Giroflé. Le bal perd de son animation, et sur les trois heures du matin, tout le monde s'en va. Il faut bien que Violette et son cavalier fassent comme les autres. On cherche une voiture, il n'y en a pas ; on est forcé de revenir à pied. Violette, que sa rencontre au bal a un peu émue, déclare qu'elle n'a pas envie de souper, et son compagnon assure qu'il n'y tient pas.

Tout le long du chemin, Grisgris est tour à tour tendre, passionné, pressant ; il emploie près de Violette tout ce vocabulaire galant si connu, mais auquel la jeune fille de Saint-Jean-aux-Bois n'était point accoutumée comme le sont les grisettes de Paris. On arrive devant la porte cochère qui va s'ouvrir pour la jeune ouvrière.

— Il est de bien bonne heure, dit Grisgris ; je ne voudrais pas vous quitter encore. Permettez-moi de monter un moment avec vous...

— Oh! par exemple! y pensez-vous ?... Et pour vous en aller ?...

— Je m'en irai avant le jour... personne ne me verra !

— Non... ce serait mal... vous recevoir dans ma chambre... qui est si petite...

— Elle sera toujours assez grande pour nous deux, chère Violette !... Vous êtes votre maîtresse, et puis on ne le saura pas...

— Si vous me promettiez de ne rester qu'un moment...

— Oh! je vous le promets !...

Le bouton de la porte est tiré ; elle s'ouvre... Grisgris entre bien vite, de peur que Violette ne se ravise ; on passe devant le portier, qui ne se dérange pas de son lit et se borne à crier :

— C'est vous, mam'zelle Violette ?
— Oui, monsieur Picard.
— Voulez-vous de la lumière ?

— Non, c'est inutile.

Et le pierrot suit la colombine. Quoiqu'on ne voie point clair, on arrive bientôt au cinquième étage, car l'Amour, qui est, dit-on, aveugle, va très-rapidement à tâtons. Enfin, Violette ouvre sa porte, et l'heureux Grisgris pénètre dans sa chambre avec elle... Pauvre Giroflé! que tu as eu raison de ne plus les faire danser !

XIV

UN PIERROT IMPRUDENT.

Ce moment que M. Grisgris avait demandé dure jusqu'à sept heures et demie ! Il y a comme cela dans la vie des moments qu'on voudrait ne jamais voir finir.

A sept heures et demie, le pierrot, enveloppé dans son macferlane, descend l'escalier en fredonnant : ce monsieur était fort gai ; et, en effet, il avait sujet d'être satisfait. Mais en passant devant l'entre-sol, il se trouve devant M. Repiqué qui, n'osant plus monter au cinquième étage, passait sa matinée à descendre dans la cour, sous prétexte d'indisposition prolongée.

Florestan se croise avec le jeune homme, dont le déguisement n'était point assez caché par son macferlane pour qu'on ne vît pas sa coiffure, son chapeau de pierrot, sa collerette et le bas de son pantalon. Le fabricant de corsets examine avec curiosité ce personnage qui passe devant lui sans le saluer, le regarde même d'un air assez impertinent, puis continue lestement de descendre.

Florestan s'est arrêté sur l'escalier; il regarde toujours Grisgris; il est fort intrigué, et, retournant dans la cour que le déguisé vient de quitter, il entre brusquement chez le portier.

— Monsieur Picard, dites-moi, est-ce qu'il y a eu un bal masqué, cette nuit, dans la maison?

— Un bal masqué... cette nuit... dans la maison?... Non, monsieur, non, personne n'a donné de bal, cette nuit...

— Eh bien! alors, d'où sort donc ce jeune homme, déguisé en pierrot, qui vient de descendre les degrés et de partir?

— Un pierrot? vous avez vu passer un pierrot?... Moi, je n'en ai pas vu.

— Ça prouve que vous ne regardez guère ce qui se passe... Oui, un jeune homme en pierrot... Il avait bien un paletot par-dessus son costume; mais cela n'empêchait pas de voir sa tête et ses jambes... D'ailleurs, j'ai même entrevu son gilet...

— Alors, c'est apparemment quelqu'un de la maison qui s'amuse à se déguiser...

— On ne se déguise pas pour sortir à sept heures et demie du matin... Quand on se déguise, on ne cherche pas à cacher son costume sous un paletot !...

— Eh bien ! monsieur, qu'est-ce que vous voulez que j'y fasse ?... Ça ne me regarde pas ! Laissez-moi donc lire mon journal...

— Si fait, portier, ça vous regarde... Vous ne devez pas laisser entrer des masques dans la maison sans savoir où ils vont... Je veux savoir de chez qui sortait ce pierrot qui avait l'air fort insolent, par parenthèse !

— Eh bien ! allez le demander chez tous les locataires... ils vous le diront peut-être.

M. Picard quitte M. Repiqué pour aller reprendre la lecture de *la Patrie*, et Florestan rentre chez lui de fort mauvaise humeur et se hâte de conter à sa femme ce qu'il a vu.

— Eh bien ! monsieur, dit Lucrèce, que vous importe, après tout? Est-ce que les locataires de la maison n'ont pas le droit de se déguiser?

— Mais, bobonne, si c'eût été quelqu'un de la maison, je l'aurais reconnu ; je connais tout le monde ! C'était un étranger... un intrus.

— Quelque client de M. Postulant, peut-être?

— Est-ce que des clients vont causer de leurs affaires en pierrot, et à sept heures du matin?

— Assez, monsieur ; oseriez-vous soupçonner la vertu de l'une de vos ouvrières ?... Fi ! monsieur !... fi !... Elles sont sages... ce dont vous êtes assez dépité...

— C'est bien, Lucrèce, je ne vous dirai plus rien... mais si je revois le pierrot... j'éclaircirai mes soupçons.

Lorsque tout le monde est plus tard réuni dans le magasin, Florestan ne manque pas de dire :

— Mesdemoiselles, si vous aimez à voir des masques, je vous préviens qu'il en vient dans la maison... Ce matin, sur les sept heures et demie, j'ai rencontré un pierrot dans l'escalier...

— Un pierrot ! s'écrient les demoiselles, excepté Violette, qui devient rouge comme une cerise et baisse les yeux sur son ouvrage.

— Vraiment, monsieur ? dit Babiole ; ce n'est pas une farce que vous nous dites là ? Vous avez vu un pierrot dans l'escalier tout à l'heure ?

— Non pas tout à l'heure, mais de très-bon matin, avant que personne soit encore descendu.

Babiole jette sur Violette un regard qui disait bien des choses, puis elle reprend :

— Au moins, était-il jeune et gentil ce pierrot-là, monsieur ?

— Il était jeune, oui ; c'était un friquet. Pour gentil... est-ce qu'on est jamais bien avec un serre-tête ?... Cependant, celui-ci n'avait plus de blanc sur la figure... il s'était débarbouillé probablement !

— En voilà assez, monsieur ! s'écrie madame Repiqué ; vous n'avez pas besoin d'entretenir ces demoiselles de vos visions. Laissez-nous tranquilles avec vos masques, et retournez à votre caisse ; j'ai dans mon compte une erreur de vingt-cinq centimes... il faut la trouver : c'est plus important que vos pierrots.

Florestan s'éloigne, en s'efforçant de jeter son double regard sur Violette. Quant à Babiole, elle boude son amie, parce qu'elle voit que celle-ci a été au bal sans le lui dire.

Mais Violette y a pris goût, elle sent qu'elle n'a plus besoin de Babiole pour se procurer des plaisirs ; elle trouve, comme Grisgris, qu'il n'est pas nécessaire de toujours offrir à souper à M. Gratinet et à sa maîtresse : ce qui fait que, le samedi suivant, elle ne manque pas de se rendre à l'Opéra seulement avec son amant.

Est-il nécessaire de dire qu'en revenant du bal M. Grisgris se glisse encore dans la chambre de Violette, et que, cette fois, il n'a pas besoin d'en demander la permission ? On sait qu'en amour il n'y a que le premier pas qui coûte.

Le lendemain de ce samedi-là, le pierrot a été prudent, il s'est esquivé beaucoup plus tôt et sans rencontrer personne ; mais au bal suivant, qui se trouve être un jeudi, M. Grisgris, trop fatigué par les plaisirs du carnaval, dort profondément lorsqu'il faudrait songer à s'éloigner ; c'est en vain que Violette, qui est levée, le supplie de partir.

— Laissez-moi dormir ! murmure Grisgris. Je suis trop las... J'ai besoin de sommeil... je dormirai toute la journée... Je disparaîtrai ce soir... à la nuit... on ne me verra pas.

Voyant que ses efforts sont inutiles, et que Gris-gris ronfle au lieu de l'écouter, Violette se décide à la laisser dans sa chambre, et descend au magasin, en tâchant de ne point laisser paraître son inquiétude.

Le joli pierrot n'a fait qu'un somme jusqu'à trois heures de l'après-midi. Alors, il s'éveille, regarde autour de lui, se remémore où il est, et sent qu'il a grand besoin de déjeuner.

Il se rappelle ce qu'il a promis à sa maîtresse ; mais il se fait ce raisonnement : « Si je ne descends qu'à la nuit, il faudra que je reste encore au moins trois heures sans manger, car, ici, il n'y a rien à croquer, pas même un morceau de sucre pour tromper ma faim. Je sens qu'il m'est impossible d'attendre jusque-là. Je puis être rencontré dans l'escalier ce soir aussi bien qu'à présent... Tant pis !... J'en suis désolé ; mais il faut que j'aille me restaurer.... D'ailleurs, cinq étages sont bien vites dégringolés !... Et, après tout, on ne sait pas d'où je viens. »

Ceci bien posé, notre jeune homme reprend son costume de pierrot, endosse par-dessus son macferlane, s'entortille dedans le mieux possible et descend l'escalier, sans chanter, cette fois. Il est arrivé en bas sans avoir rencontré personne ; mais là, devant la dernière marche, il se trouve encore vis-à-vis de M. Repiqué, car celui-ci avait, dans la journée, remarqué l'embarras, l'air emprunté de Violette, la jeune fille s'était même deux fois rendue dans la cour, ce qui ne lui arrivait guère ; de tout cela Florestan avait deviné qu'il y avait quelque chose sous jeu, et, au lieu de rester à la caisse, il allait à chaque instant rôder dans la cour, puis se tenait au bas de l'escalier.

Cette fois, en apercevant Grisgris, il s'écrie :

— Ah ! voilà mon pierrot de l'autre jour !... Monsieur, d'où venez-vous ?... d'où descendez-vous sous ce déguisement... qui ne vous déguise pas ?

Grisgris toise Repiqué, dont l'air effarouché lui donne envie de rire, et lui répond, en lui faisant la grimace :

— Qu'est-ce que cela vous fait à vous, vieille pomme cuite ? Est-ce que vous êtes le portier de la maison ?

— Oui, je suis le portier... ou c'est comme si je l'étais... Ah ! vous m'appelez pomme cuite !... Père Picard, avancez donc... voilà mon pierrot de l'autre jour !... Monsieur, répondez ! d'où venez-vous ?

— Je ne vous le dirai pas, mon bonhomme... Allons, ôtez-vous de là que je passe !...

— Non, vous ne passerez pas sans que je sache d'où vous venez...

— Si tu fais le méchant, je vais te caloter...

— Holà ! portier ! à la garde !... à la...

Un vigoureux soufflet appliqué sur la joue de Florestan l'empêche d'achever sa phrase, et l'envoie se cogner sur sa femme qui, au bruit, venait d'arriver ainsi que plusieurs personnes de la maison. Quant à Grisgris, après avoir repoussé vigoureusement le mari de Lucrèce, il enfile la porte cochère qui est toujours ouverte dans la journée, et disparaît. Le portier arrive avec son balai, quand le pierrot est parti, en disant :

— Qu'est-ce qu'il y a ?... qu'est-ce que c'est ?.. Pourquoi crie-t-on à la garde ?... Ah! c'est encore monsieur Repiqué qui fait ce train-là !... Il a le diable au corps depuis quelque temps !

— Portier ! vous êtes une huître ! s'écrie Florestan en se tenant la joue. Vous arrivez quand le polisson est parti... Mais mon épouse l'a vu... On ne dira pas que je rêve, cette fois... N'est-ce pas, Lucrèce, que tu as vu le pierrot ?

— Sans doute... j'ai vu un homme déguisé vous donner un soufflet... Pourquoi vous a-t-il souffleté ?... Vous lui aviez donc fait quelque chose, monsieur ?

— Ah ! voilà qui est joli ; c'est moi qui lui aurai fait des sottises !... Je lui ai demandé d'où il venait... j'en avais le droit ! Des masques ne doivent pas se promener dans notre maison... sans qu'on sache d'où ils viennent !... Il y a même une ordonnance là-dessus ; mais nous avons un portier qui laisserait le bœuf gras se promener dans la cour, et qui serait encore capable de vous dire qu'il ne l'a pas vu.

Plusieurs bonnes qui se trouvent là, ainsi que quelques locataires, affirment que le jeune pierrot ne venait pas de chez eux. Florestan regarde sa femme d'un air qui signifie : « Vous voyez bien que mes soupçons ne sont pas si ridicules. »

On rentre dans le magasin. Toutes les demoiselles

sont à leur place. Mais Violette est très-rouge et baisse les yeux, tandis que ses compagnes affectent de lever le nez et de la regarder d'un air moqueur.

Madame Repiqué ne dit rien, mais elle examine ses ouvrières, dont les physionomies étaient très-significatives. Florestan se promène quelque temps dans la boutique en tenant sa main sur sa joue, et en essayant de rencontrer les regards de Violette. Enfin, Lucrèce s'écrie :

— Mesdemoiselles, il se passe des choses bien singulières dans cette maison; ce pierrot, que mon mari avait rencontré il y a quelques jours... et auquel, je l'avouerai, j'avais attaché peu d'importance, ce masque a reparu dans notre escalier... Ceci est un fait certain, je l'ai vu !

— Et moi je l'ai senti! dit Florestan en tâtant sa joue. Le drôle s'est porté sur moi à des voies de fait!

— Personne parmi les locataires ne connaît ce pierrot, et ne sait d'où il sort... N'avez-vous rien vu, rien entendu qui puisse nous faire savoir d'où vient ce chienlit ?

La grande Ursule qui, depuis un moment, grillait de parler, s'empresse de répondre :

— Mon Dieu ! madame, c'est à mademoiselle Violette qu'il faut vous adresser pour le savoir; elle pourra vous le dire, car ce matin nous l'avons fort bien entendue qui causait dans sa chambre et qui disait : « Surtout ne descendez pas avant la nuit ! » Et cette nuit, quand elle est rentrée à cinq heures du matin, certainement elle n'était pas seule, et ce n'était pas elle qui sifflotait l'air du mirliton !

— L'ai-je bien entendu ! s'écrie madame Repiqué. Ce serait vous, Violette, vous que je croyais sage, qui mèneriez une telle conduite ?...

— Je n'avais donc pas si tort de vouloir faire un trou à sa porte ? dit Florestan en lâchant sa joue. Je savais bien qu'il y avait quelque chose à voir !...

— Taisez-vous, monsieur, ne vous mêlez point de ce qui ne vous regarde pas !...

— Mais, bobonne, permets, ça me regarde aussi, puisque j'ai reçu un soufflet du pierrot qui...

— Assez !... Retournez à votre caisse... je sais ce qui me reste à faire...

Florestan se décide à quitter le magasin ; mais il passe tout contre le comptoir de Violette, en murmurant :

— Avec un pierrot ! Et ça fait sa pudibonde !... Oh ! ces villageoises... ces filles des champs... ça joue sur l'herbe !..... Je rentre, bobonne, je m'éclipse !

Madame Repiqué s'adresse de nouveau à Violette, qui, depuis quelques instants, ne baisse plus les yeux et semble avoir pris son parti.

— Mademoiselle, vous avez entendu ce dont on vous accuse ?... Qu'avez-vous à répondre ?

— Rien, madame ; d'ailleurs, je n'aime pas mentir... Et puisque ces demoiselles, qui m'espionnent sans doute, m'ont entendue parler à quelqu'un... c'est qu'en effet ce pierrot était chez moi.

— Est-il possible !... Et vous osez en convenir

— Il le faut bien, puisque tout le monde l'a vu.

— Quel cynisme!... Quelle audace dans le crime!... Mademoiselle, je ne garde pas chez moi des demoiselles qui courent les bals la nuit... et il paraît que c'était votre habitude... et qui ramènent avec elles... Oh! mais, je ne veux pas revenir sur ces odieux détails, je vous chasse de chez moi!

— Mon Dieu! madame, ne vous mettez pas tant en colère; mon intention n'était pas d'y rester, chez vous! J'ai bien assez de votre magasin... Je ne me soucie pas de vous servir plus longtemps de mannequin !

— Vous partirez dès aujourd'hui !

— Tout de suite, madame! Je monte à ma chambre prendre ce qui m'appartient, et je vous souhaite bien le bonjour.

En disant cela, Violette quitte vivement le comptoir, laissant madame Repiqué toute surprise de ce que la jeune fille paraisse heureuse de s'en aller, et les trois ouvrières enchantées de son départ.

XV

LA DAME AUX TROIS CORSETS.

Violette a fait un paquet de ses effets; comme il y a dedans son costume de Colombine, il est assez volumineux. Elle entre chez le portier et le prie d'aller chercher une voiture, en lui annonçant qu'elle quitte sa maison.

Le père Picard, que la jeune fille comblait de pourboires, en déchire son journal, en s'écriant :

— Voilà une nouvelle qui me fend le cœur!... Vous nous quittez?... Je suis sûr que c'est ce méchant mouchard de Repiqué qui en est cause!

— Sans doute, il a rencontré mon amoureux, il a éventé la mèche...

— Quel être désagréable que ce corsetier!... D'abord de quoi se mêle-t-il? Il rôde sans cesse dans mes escaliers ou dans ma cour pour voir ce qui se passe; il empiète sur mes droits!... Un de ces jours, je le ficherai à la porte. Et où allez-vous comme ça, jeune victime ?

— Chez mon amoureux... Il m'a dit qu'il demeurait rue Taitbout; est-ce loin d'ici?

— Pas mal. Je cours, et je vous ramène un joli coupé.

La voiture arrive. Violette s'y place avec son paquet, fait ses adieux au père Picard qui s'essuie un œil, puis, dit au cocher : « rue Taitbout, 42. »

Elle avait heureusement retenu l'adresse de Grisgris. Celui-ci lui avait dit plusieurs fois qu'il occupait dans la Chaussée-d'Antin un charmant appartement au premier, et tout orné de glaces... Violette, qui ne tenait pas du tout à sa chambre à tabatière, s'était dit : « J'irai demeurer avec Grisgris; il en sera bien content, puisque, hier encore, il me répétait qu'il ne voudrait jamais me quitter, qu'il n'était heureux que près de moi; et, ma foi! j'aime mieux demeurer chez lui, dans un joli logement, que de rester dans cet affreux cabinet, où madame Repiqué me logeait. »

La voiture s'arrête devant une assez belle maison de la rue Taitbout. Violette entre avec son paquet sous une grande porte cochère, et demande à la concierge : « Monsieur Grisgris ? »

La concierge est une grande femme sèche qui n'a pas l'air agréable; elle toise la jeune fille, et répond :

— C'est ici.

— Est-il chez lui?

— Chez lui!... chez lui! monsieur Grisgris? Est-ce qu'on le trouve jamais dans le jour cet oiseau-là, et même pas toujours la nuit, vu qu'il découche assez souvent? Qu'est-ce que vous lui voulez, avec votre paquet?

— Mais, madame, je viens demeurer avec lui...

— Demeurer avec lui! Ah! bien, elle est forte, celle-là! Je voudrais voir ça, que les maîtresses de ces messieurs vinssent loger avec eux. Ce serait du propre! Notre maison aurait un joli renom!... Nous louons à des garçons, mademoiselle, nous ne voulons même pas louer à des femmes seules; ce n'est pas pour laisser venir s'installer chez ces messieurs des coureuses! Tantôt l'une, tant l'autre, ce serait gentil!

— Mais, madame, je ne suis pas une coureuse; j'étais dans un magasin de corsets depuis six mois...

— Pourquoi le quittez-vous?

— Parce que je m'ennuyais; et puis, je couchais dans une trop petite chambre... Je n'avais pas de place pour me retourner!

— Si vous croyez que vous en aurez beaucoup ici, chez monsieur Grisgris, vous vous mettez joliment le doigt dans l'œil!

— Est-ce qu'il n'occupe pas un bel appartement au premier, tout orné de glaces?

— Ah! ah! il vous a dit ça! quel craqueur! Il loge tout en haut, au sixième, une chambre où pour passer son habit, il faut qu'il ouvre sa porte... Quant aux glaces, je ne lui ai jamais vu qu'un petit miroir qui est cassé en deux endroits!...

— Il serait possible!... Pourquoi donc m'a-t-il dit qu'il demeurait au premier?...

— Pardi! pour faire son embarras! Si vous croyez tout ce que les hommes vous disent, vous êtes encore bien de votre village!

Violette est fort désappointée ; enfin elle murmure :

— Madame, est-ce que je ne pourrais pas monter chez M. Grisgris pour y attendre son retour?

— Non, mademoiselle, non. D'abord, je n'ai pas la clef de ce monsieur; et puis, je l'aurais, que je ne vous la donnerais pas. Est-ce que vous vous figurez qu'à Paris on laisse comme ça des personnes qu'on ne connaît pas aller s'installer chez les locataires absents?... On serait bien vite dévalisé!...

— Ah! madame, je ne suis pas une voleuse!...

— Mon Dieu! je ne dis pas!... mais voilà la première fois que je vous vois, vous et votre paquet, et je ne peux pas prendre pour une vertu une jeune fille qui vient pour loger avec un mauvais sujet qui doit trois termes, et qu'on mettra à la porte à la fin de celui-ci. Tout ce que je peux faire pour vous, c'est de vous permettre d'attendre votre jeune homme dans ma loge.

— Croyez-vous qu'il sera longtemps, madame?

— Est-ce qu'on sait jamais quand il rentre et

quand il sort?... Mais il est rentré sur les trois heures en costume de Gilles; il est monté se déshabiller, puis il est ressorti; il est bien à craindre qu'il ne rentre pas de longtemps.

Violette hésite; elle ne sait ce qu'elle doit faire; mais un jeune homme entre dans la maison : c'est Grisgris. Il pousse un cri de surprise en apercevant sa conquête, et celle-ci un cri de joie.

— Comment! c'est vous, Violette?...

— Oui. Ah! que je suis contente que vous soyez rentré!... Votre concierge ne veut pas me laisser monter chez vous!... Elle a l'air bien peu agréable, cette femme-là!

— Mais que venez-vous faire chez moi?

— Vous ne le devinez pas?... M. Repiqué vous a rencontré tantôt dans l'escalier...

— Je le sais bien, puisque je lui ai donné un soufflet!

— Vous avez fait là une belle chose!... Madame m'a renvoyée; alors, j'ai fait mon paquet, et je venais m'établir chez vous pour rester toujours avec vous... Cela vous fera bien plaisir, n'est-ce pas, mon ami, de m'avoir sans cesse près de vous?... Si cela ne se peut pas dans cette maison, eh bien! nous irons demeurer ailleurs!

En général, il n'y a rien de curieux et d'amusant à voir comme la figure d'un monsieur auquel sa maîtresse vient annoncer qu'elle a tout quitté pour venir vivre avec lui; il s'opère alors sur sa physionomie une altération, une stupéfaction dans laquelle il n'y a pas le moindre sentiment de plaisir; et, bien qu'il veuille feindre la satisfaction, son sourire ressemble tellement à une grimace, qu'il n'y a guère moyen de s'y tromper.

Après tout, c'est fort naturel : vous formez une liaison que vous pensez toujours pouvoir rompre facilement, et voilà qu'il vous tombe sur les bras une femme qui va changer votre position, votre manière de vivre, briser votre avenir, vous ôter votre liberté!... C'est une tuile qui vous arrive sur la tête, et cette tuile va briser sur-le-champ votre amour.

Quand la tuile est une femme mariée, les conséquences sont bien plus graves. On ne sait pas où cela peut s'arrêter. Je vous en avertis en passant ne vous faites jamais adorer au point qu'on veuille tout quitter pour vivre avec vous!

Vous voyez alors la mine que fait Grisgris en apprenant l'intention de Violette; mais comme il sait qu'il a affaire à une jeune fille sans expérience, il n'est pas longtemps embarrassé, et lui répond :

— Ma chère amie, j'en suis bien désolé, mais nous ne pouvons pas demeurer ensemble, c'est de toute impossibilité !

— Et pourquoi donc cela ?

— A cause de ma famille.

— Votre famille ? Vous m'aviez dit que vous n'en aviez pas !...

— Pas ici à Paris... mais, mon père, qui est en

province, vient souvent à Paris ; alors il descend chez moi à l'improviste, sans me prévenir... Vous comprenez que, s'il vous y trouvait, cela ferait un beau tapage !... Je serais déshérité... et deux cent mille francs de rente, cela vaut la peine qu'on y regarde !

— Vous m'aviez dit que vous étiez orphelin !...

— Vous avez mal entendu ; orphelin de mère, oui, mais pas de père.

— Mon Dieu ! que vais-je donc devenir alors ?...

— Rassurez-vous... je vais vous caser... D'abord, allons au plus important : combien possédez-vous encore d'argent ?

— Cinq cent vingt francs.

— Victoire ! nous sommes des bons !... Avec de l'argent, à Paris, on a tout ce qu'on veut. Je vais vous conduire dans un hôtel garni très-honnête, très-confortable, où, moyennant une soixantaine de francs par mois, dont vous payerez la quinzaine d'avance, vous aurez une chambre fort gentille.

— Et toute meublée ?

— Cela va sans dire... J'ai votre affaire, rue Montmartre... C'est là que j'ai logé Anna...

— Qu'est-ce que c'est qu'Anna ?

— Une jeune comédienne qui devait débuter à l'Odéon, mais qui a préféré s'arrêter au petit théâtre Saint-Pierre. Ne perdons pas de temps... il y a une place de voitures à deux pas... reprenez votre paquet et filons.

Violette a repris son paquet que M. Grisgris ne lui

offre pas de porter ; il n'offre même point son bras à sa maîtresse, de crainte de se compromettre, parce qu'elle est en bonnet. Mais on trouve bientôt une voiture qui mène la jeune fille et son compagnon à l'hôtel garni. Grisgris présente Violette comme une jeune dame veuve et sa cousine, qui arrive de la campagne et qui tient à être logée décemment.

Moyennant soixante francs par mois, on installe la jeune dame dans une assez jolie chambre à laquelle tient un petit cabinet. Puis l'hôtesse fait cette question toute naturelle, mais à laquelle on n'avait pas pensé :

— Votre nom, madame ?

Violette regarde Grisgris. Elle va dire ses noms ; mais le jeune homme la prévient, en s'écriant :

— Madame Manfredonia...

— Manfredonia... très-bien. Est-ce que madame est Italienne ?

— De famille, oui ; mais elle est née dans la Brie...

— Quand madame voudra manger chez elle, il y a un restaurateur dans la maison...

— Oh ! tant mieux !... je n'ai pas encore dîné... Veuillez dire, madame, qu'on me monte à dîner tout de suite... ce qu'on voudra, ça m'est égal.

— Pour un ou pour deux, madame ?

Violette regarde Grisgris, qui répond :

— J'ai déjà dîné, mais, pour tenir compagnie à ma cousine, je ferai un effort ; faites monter pour deux ; d'ailleurs, il se fait tard, et cela pourra passer pour un souper.

Lorsque Violette se trouve en tête-à-tête avec son amant, elle lui dit :

— Pourquoi donc m'avez-vous donné un nom qui n'est pas le mien ?

— Parce que, ma chère, votre nom de *Moutin* n'a rien d'élégant et ne sonne pas très-bien à l'oreille ; tandis que Manfredonia... c'est beau, c'est ronflant, ça emplit bien la bouche !... cela n'est pas commun !

— Pourquoi avez-vous dit que j'étais veuve ?

— Parce que cela pose : une demoiselle qui demeurerait seule en hôtel garni, on n'a pas confiance ; tandis que veuve, cela va tout seul.

— Si on me demande ce que faisait mon mari ?

— Vous direz qu'il était général ; il faut toujours être veuve d'un général. Mais on ne vous demandera pas cela ; à Paris, on n'est pas curieux : pourvu que les apparences soient convenables, cela suffit.

— Pourquoi avez-vous dit que j'étais votre cousine ?

— Parce que c'est une manière honnête de ne point dire votre amant... Ma chère amie, fiez-vous à moi pour dire et faire tout ce qui est nécessaire, et surtout n'ayez jamais l'air étonné quand je dis quelque chose qui n'est pas : dans le monde, on passe sa vie à mentir ; c'est l'usage, vous vous y ferez.

On apporte le dîner pour deux. Grisgris mange comme quatre, quoiqu'il assure avoir déjà dîné. Ensuite il dit à Violette :

— Maintenant, ma toute belle, il faut aller chez une

marchande de modes vous acheter au moins trois chapeaux : un pour le matin, un pour le soir, un pour les grandes toilettes.

— Oh! je ne demande pas mieux!

— Combien avez-vous de robes?

— Je n'en ai acheté qu'une jolie depuis que je suis à Paris... les autres, du village, ne sont pas belles.

— Il faut vous acheter au moins deux robes... Vous comprenez bien que, pour sortir à mon bras, il faut que vous soyez élégante ; je ne puis pas me compromettre en donnant le bras à une femme mal mise...

— Soyez tranquille, je me ferai bien belle.

— Vous avez un châle qui n'est pas mal... ça ne suffit pas. Vous achèterez un pardessus... un saute-en-barque...

— Ah! mon Dieu! qu'est-ce que c'est que ça?

— Une espèce de petit paletot court que les dames mettent par-dessus leur robe : c'est très-coquet, très-original... Vous trouverez cela tout fait, et bien fait, dans des magasins de confection, les robes aussi. A Paris, en quelques heures, homme ou femme, on peut se changer des pieds à la tête... Mais il est trop tard pour que vous fassiez toutes ces emplettes ce soir; vous devez être fatiguée, moi je le suis, et je vais aller me coucher... Demain, sur les trois heures de l'après-midi, je viendrai vous prendre pour vous mener promener au bois... et j'espère vous trouver habillée à la mode...

— Vous verrez, je veux être superbe!

— N'allez pas cependant dépenser tout votre argent; diable! songez qu'il faut en garder pour vivre!...

— Et vos millions?

— Il y a des retards... des empêchements...

— Et votre théâtre?

— Je cherche toujours la place pour le faire bâtir... je n'en trouve pas.

— Vous m'aviez dit que vous aviez un charmant logement au premier; votre concierge prétend que vous n'avez qu'une petite chambre au sixième...

— La portière vous a dit cela par méchanceté... parce que je ne lui graisse pas la patte... Mais, à demain, je vais me coucher.

— Ah!... vous partez?... Je croyais que...

— Imprudente! vous n'y pensez pas! Et les convenances! et ma famille!

M. Grisgris est parti, et Violette se décide à aller prendre possession de son nouveau lit, tout en se disant :

« C'est singulier!... Il n'avait pas peur de sa famille quand il me suppliait pour rester dans mon petit cabinet. »

Le lendemain, Violette avait fait toutes les emplettes que son amant lui avait recommandées, et elle n'avait dépensé que deux cents francs. Mais, grâce à Babiole, elle avait su où il fallait aller pour se parer à bon marché; ses chapeaux ne venaient point de la rue Vivienne; mais du passage du Saumon; son manteau, son paletot, ses robes sortaient des magasins de confection à prix fixe ; mais tout cela lui allait fort bien, et lorsque Grisgris arrive dans la journée, il est enchanté de la nouvelle tenue de sa maîtresse, qui lui paraît encore plus jolie, coiffée d'un petit chapeau rose et portant avec grâce une espèce de paletot gris perle, qui est passé par-dessus sa robe la plus simple. Le jeune homme s'empresse d'offrir son bras à Violette, et, comme le temps était beau, il va se promener avec elle aux Champs-Élysées, puis on dîne au restaurant, et, le soir, on va au spectacle. La jeune fille trouve cette manière de vivre fort à son gré et ne regrette nullement son magasin de corsets.

Le jour suivant, lorsque Grisgris arrive chez Violette, il la trouve habillée et coiffée tout autrement que la veille. Le chapeau est vert, la robe est d'une autre étoffe, on a un châle à la place du paletot ; puis, enfin, voulant se servir des seuls présents que lui ait faits madame Repiqué, Violette a mis le corset qui amincit considérablement sa taille sans cependant gêner par trop sa respiration. M. Grisgris pousse un cri de surprise ; il est ravi, et s'écrie :

— C'est charmant ! Vous êtes plus svelte de moitié... d'où vient cela ?

— Tout simplement du corset que j'ai mis et qui est taillé pour amincir.

— Voilà un délicieux corset !... Vous étiez toujours aussi jolie, mais ceci vous donne une tout autre tournure et fait de vous une autre femme...

— Eh bien! pour demain, je vous ménage une autre surprise.

— En vérité?

— Vous verrez!

En effet, le lendemain, Violette a mis le corset qui lui fait une poitrine volumineuse, et avec cela elle fait sa troisième toilette : chapeau blanc, autre robe et joli manteau. Grisgris reste quelques instants en contemplation devant la femme si mince la veille, et qui maintenant est devenue une forte femme; il tourne et retourne autour d'elle en examinant sa taille et sa toilette, puis s'écrie :

— Il n'y a pas à dire... c'est à s'y tromper... c'est délicieux! Cela me fera dans le monde trois maîtresses au lieu d'une!

— Comment dites-vous cela, mon ami?

— Je dis, ma chère, que vous avez un talent réel pour vous transformer.

— Dites-moi de quelle façon vous me trouvez le mieux, et alors j'adopterai ce corset-là, je mettrai toujours le même.

— Non pas! gardez-vous en bien!... Il y a un axiome latin qui dit : *In varietate voluptas*, ce qui signifie que le plaisir est dans la variété, et cette maxime est d'une grande vérité; il faut donc désormais changer de corset et de toilette comme vous l'avez fait depuis trois jours : être tour à tour d'une taille ordinaire, puis extrêmement mince, puis pourvue d'une gorge superbe. Comme cela vous serez triple, et je vous nomme Ninie, Violette et madame de Manfredonia.

— Ah! mon Dieu! j'aurai trois noms, à présent!

— Un pour chaque corset.

— Et m'aimerez-vous autant sous chacun de ces noms?

— Je vous aimerai bien davantage, puisque je croirai chaque fois changer de maîtresse.

— Je ne comprends pas bien...

— Ça ne fait rien! Venez, superbe Manfredonia, aujourd'hui nous allons prendre à l'heure un milord découvert, et je vous mène au bois. Je voudrais vous faire voir à tous mes amis.

Violette ne demande pas mieux que de se faire voir. En revenant du bois, on dîne chez Véry, et toujours dans un salon, jamais dans les cabinets. Grisgris, qui connaît beaucoup de jeunes gandins, est enchanté lorsque quelques-uns de ces messieurs l'aperçoivent avec sa maîtresse. Le lendemain, avec le corset mince, il promène Violette sur le boulevard des Italiens. Enfin, lorsqu'elle a son corset ordinaire, il se contente de la mener aux petits théâtres, ayant soin de choisir toujours les endroits où il est à peu près sûr de rencontrer des connaissances.

Ce que M. Grisgris fait pour flatter sa vanité, lui attire bientôt les compliments de ses amis. Ces messieurs le regardent comme un don Juan; on l'envie, mais on l'admire.

— Je vous ai rencontré avec une bien jolie femme, dit l'un, et quelle taille! c'est une sylphide.

— Moi, je l'ai vu avec une bien belle personne, dit un autre, une poitrine superbe!...

— Moi, s'écrie un troisième, je vous ai aperçu hier avec une petite dame... taille ordinaire, mais figure charmante.

— Ah çà! mon cher, vous avez donc trois maîtresses en ce moment?

— Mais oui... j'en ai trois... Cela s'est trouvé comme cela... je n'ai pas pu leur résister!

— Ce diable de Grisgris, c'est un petit Richelieu!... Mais ça doit vous coûter très-cher, ces trois femmes-là?

— Oui, pas mal... Je me ruine pour elles! Mais que voulez-vous!... l'argent est fait pour rouler!...

— Mes compliments, mon cher; celle que j'ai vue est charmante!

— Celle avec qui je l'ai rencontré, la taille fine, est ravissante.

— Ah! vous êtes un heureux mortel!

Grisgris nageait dans la joie; jamais il n'avait été si heureux, son amour-propre ne pouvait être plus flatté. Quant à Violette, cette vie de plaisir lui convenait beaucoup. Il est vrai que son argent diminuait rapidement, car son amant lui en empruntait souvent pour payer les dépenses de la journée; mais la jeune fille n'en connaissait pas encore le prix; et, d'ailleurs, chaque fois que Grisgris lui empruntait, il disait : « Je vous rendrai tout cela en bloc, quand mon théâtre marchera. » Et Violette avait une confiance entière dans la promesse de son amant. Mais, un jour, un jeune homme qui avait rencontré Grisgris avec Violette sous tous les aspects lui dit d'un ton railleur, dans un café, où il recevait encore des compliments sur ses conquêtes :

— Moi, je paye un dîner chez Vachette pour toute la société, si Grisgris veut nous y amener ses trois maîtresses.

— Impossible, mon cher, impossible ! répond Grisgris ; je ne puis pas faire trouver ces trois dames ensemble, ce serait leur faire connaître ma trahison et m'exposer à ce qu'on m'arrache les yeux.

— Ah ! ah ! ah !... vos yeux n'auront pas le moindre danger à courir... Vous êtes un vrai blagueur... vos trois maîtresses peuvent d'autant mieux venir ensemble, qu'il n'y a pas moyen de les séparer... les trois n'en font qu'une !...

— Vous dites ?

— Je dis que c'est toujours la même que vous habillez et attifez différemment... Elle est bonne, celle-là, mon cher, mais il fallait lui dire de changer de visage !...

Grisgris est furieux, et il sort du café en se disant : « C'est fini, le tour est fait ! Après tout, je commençais à me lasser de promener Violette. »

XVI

MADAME TRAFALGAR.

Une journée tout entière s'est passée, et Violette n'a point aperçu son amant; Grisgris n'est pas venu comme à l'ordinaire la chercher pour la mener promener; elle reste chez elle, et pense que le lendemain il lui expliquera les motifs de sa conduite. Mais le lendemain une lettre arrive par la poste à l'adresse de madame de Manfredonia. Violette, qui n'a jamais reçu de lettres, est fort étonnée que l'on connaisse le nom qu'elle porte à l'hôtel; elle se hâte d'ouvrir le billet, voit qu'il est signé Grisgris, et lit :

« Ma chère Violette, ne m'attendez plus ; d'ailleurs, cher ange, les liaisons formées par l'amour ne sont pas éternelles, la nôtre a duré trois mois, c'est assez. Je vous rends votre liberté, et reprends la mienne

Vous êtes trop jolie pour qu'un autre ne s'empresse pas de vous consoler, si toutefois vous avez besoin de consolation. Adieu donc ! et sans rancune. Je me rappelle que je vous dois quelque argent ; dès que j'aurai fait bâtir mon théâtre, je m'empresserai de m'acquitter. »

La lecture de ce billet cause à Violette une vive émotion : son cœur se serre, ses yeux se remplissent de larmes, elle ne peut comprendre que l'on cesse si vite d'aimer quelqu'un que l'on semblait adorer. Elle reste quelque temps stupéfaite, tenant le billet dans ses mains et ne voulant pas y croire ; elle relit pour se convaincre qu'elle ne s'est pas trompée, puis elle se laisse tomber sur un siége, en murmurant :

« Il m'aimait donc bien peu !... Trois mois ! c'est assez, dit-il !... Ah ! ce n'est pas comme cela que m'aimait Giroflé !... »

C'était la première fois, depuis leur rencontre au bal, que le souvenir de Giroflé se présentait à sa pensée ; mais aussi c'était la première fois qu'elle éprouvait du chagrin.

Tout à coup Violette se lève ; elle met vivement un chapeau, jette un manteau sur sa robe et sort en se disant : « Allons chez lui, je veux savoir pourquoi il me quitte, pourquoi il ne m'aime plus, ce que j'ai fait pour qu'il m'abandonne ainsi. »

Elle arrive rue Taitbout, retrouve la concierge qui a toujours l'air aussi revêche, et murmure en regardant son chapeau :

— Diable! il paraît qu'on a fait fortune!

— Madame, monsieur Grisgris est-il chez lui?... doit-il rentrer? Il faut absolument que je lui parle...

— Monsieur Grisgris? Dieu merci, nous n'avons plus ça dans notre maison. Il y a plus d'un mois qu'on l'a mis à la porte!

— Et sa nouvelle adresse, alors... il doit vous l'avoir donnée?...

— Le plus souvent, pour que ses créanciers aillent l'y relancer!... Est-ce que ces farceurs-là donnent jamais leur adresse?... Quand ils en laissent une, elle est fausse; mais, lui, n'a rien laissé.

Violette s'éloigne tristement, en se disant: « Que vais-je donc faire?... que devenir?... Je ne m'inquiétais pas de mon sort... Je comptais sur lui... et je n'ai presque plus d'argent, encore une vingtaine de francs!... Et l'argent se dépense si vite à Paris! Je n'ose pas aller voir Babiole, elle est fâchée contre moi parce qu'en dernier lieu j'allais au bal sans elle... Ah! si j'allais consulter Marjoleine, que je n'ai pas vue depuis que j'ai quitté mon magasin?... Je sais son adresse, elle l'a répétée assez souvent quand on devait envoyer chez elle... Rue de Provence... c'est, je crois, par ici... Oui, allons dire à Marjoleine ce qui m'arrive, et lui demander ce que je dois faire. »

Violette trouve facilement la demeure de son ancienne connaissance. Elle entre dans une belle maison, demande madame Trafalgar, monte un large escalier, s'arrête au second et sonne à la porte qu'on lui a indiquée.

Une femme de chambre fort laide, plus large que ute et qui a de la barbe, vient ouvrir.

— Madame Trafalgar?
— C'est ici.
— Peut-on lui parler?
— Attendez... je ne sais pas si madame est visile... Votre nom?....
— Madame de Manfrédonia.... ou bien Violette, plutôt..
— Comme vous voudrez, ça m'est égal.
— Annoncez mademoiselle Violette tout simplement

Le laideron laisse Violette dans une antichambre où tout est ciré, frotté, reluisant, et qui annonce une maison bien tenue. On ne la fait pas attendre longtemps; c'est la grande Marjoleine qui arrive elle-même, enveloppée dans une belle robe de chambre de cachemire, et court à elle :

— Comment! c'est toi, Violette ? Oh! cette chère petite, je suis contente de te voir... Mais, viens donc... entre... tu vas admirer mon boudoir qui est un peu Pompadour !...

Violette suit son ancienne amie, qui lui fait traverser un salon fort bien meublé, et l'introduit dans un charmant boudoir décoré dans le style Louis XV, et enrichi de porcelaines, de chinoiseries très-recherchées; de tous côtés, des glaces reflètent votre image, et des divans, des causeuses vous invitent au repos.

— Oh! comme c'est élégant ici! dit Violette en entrant dans le boudoir.

— Mais, oui, ça commence à être gentil... Cependant, il manque encore bien des choses... Ce cuistre de Bichetout est parfois dur à la détente, mais ce qu'il me refuse aujourd'hui je l'ai toujours plus tard. Et toi, voyons, ma petite Violette, assieds-toi là, près de moi, et conte-moi tes aventures ; justement, Bichetout ne doit pas venir ce matin, et j'ai le temps de t'entendre ; car, s'il avait été ici, je ne t'aurais pas reçue : il n'aime pas qu'on nous dérange. Eh bien! nous avons donc fait nos farces?... Il paraît que nous recevions un petit amoureux dans notre chambre?..... C'était pas mal pour commencer!..... La Repiqué m'a conté tout cela..... C'était un pierrot, et tu allais au bal toutes les nuits, est-ce vrai?

— Oh! non, pas toutes les nuits... J'y suis allée plusieurs fois... c'est vrai. Que voulez-vous! je m'ennuyais beaucoup dans ce magasin de corsets où je servais de montre, de mannequin!...

— Mais je ne te blâme pas, ma chère ; d'ailleurs, tôt ou tard, cela devait t'arriver... Bref, tu as suivi ton pierrot. Eh bien! est-il riche, cet oiseau-là? Qu'est-ce que tu en as fait? S'est-il conduit galamment? t'a-t-il mis dans tes meubles?... Tu as les yeux rouges, tu pleures! Il y a donc déjà de la brouille entre vous ?... Mais ça se raccommodera !... Et puis, vois-tu, il ne faut pas pleurer pour un homme... ces messieurs n'en valent pas la peine ! Voyons, ne pleure plus et conte-moi tout.

Violette fait à son amie le récit de sa liaison avec Grisgris, de tout ce qui s'est passé entre eux, puis, enfin, de la manière dont ce jeune homme vient de la quitter; et elle termine en lui montrant la lettre qu'il lui a écrite.

Madame Trafalgar examine la lettre et s'écrie :

— Grisgris ! Oh ! mais, je connais ce merle-là... et cette écriture, si joliment moulée qu'on dirait d'une gravure !... Oui, j'ai reçu de lui un billet doux, après une polka à la *Closerie des Lilas*, où il était tombé amoureux de moi. Un petit, assez joli garçon, brun, petites moustaches noires, bouche en cœur...

— C'est cela, oh ! c'est bien cela !...

— Mais je l'ai joliment envoyé promener, ce monsieur ! Il n'a jamais le sou... Un rat; qui se fait payer par les femmes !... Fi ! nous leur donnons un drôle de nom à ces messieurs-là !...

— Il dit qu'il doit avoir des millions, et qu'il fera bâtir un théâtre...

— Tu as donné là-dedans, toi, pauvre innocente ? Il aura peut-être un théâtre en toile, comme Guignol, et ce sera lui qui fera Polichinelle !

— Vous croyez donc qu'il ne reviendra pas me rapporter l'argent qu'il me doit ?

— Te rapporter ce qu'il te doit !... Ces messieurs-là ne valent pas les caniches, ils ne rapportent jamais ! C'est fini, tu ne le verras plus !... Ah ! dame ! ma petite, tu n'as pas suivi mes conseils ; je t'avais dit : « N'écoute pas les jeunes gens, il ne faut former une liaison qu'avec un homme raisonnable, un homme sérieux... » Et quand je dis sérieux, ne va pas croire que je veux te parler d'un croque-mort ! Un homme sérieux, cela signifie quelqu'un qui nous fait une position, qui paye notre terme, notre marchande de modes, notre couturière ; enfin qui ne nous laisse manquer de rien...

— Et puis qui soit joli garçon, qui nous plaise !...

— Ah ! ma chère, si tu tiens à ces bagatelles-là, tu ne rouleras pas carrosse !... Tu vois bien, voilà Bichetout, il n'est pas jeune, il n'est pas beau, il n'est pas spirituel ! mais je m'en fiche pas mal !

— Vous l'aimez tel qu'il est ?

— L'aimer ! le plus souvent ! C'est son argent que j'aime... C'est sa fortune qui me donne dans l'œil.

— Que vais-je donc devenir ?... Je n'ai presque plus d'argent, et dans trois jours il me faudra payer ma quinzaine d'avance... trente francs à mon hôtel !... Je n'en ai plus que vingt-cinq...

— Oui, mais tu as une jolie montre pendue à ton cou... On la met en plan, ça fait de l'argent...

— Ma montre ?... Ah ! je ne voudrais pas la vendre... elle me vient de Giroflé, qui m'aimait tant !... Pauvre Giroflé !... comme je l'ai maltraité à ce bal... pour défendre ce perfide Grisgris !

— Que ta montre te vienne de Giroflé ou de Girofla, c'est toujours une ressource, parce que, vois-tu, Violette, ne compte pas sur moi pour te prêter de l'argent, je n'en prête à personne, c'est une règle de conduite que je me suis tracée, et dont je ne m'écarterai pas. Je me suis dit : « Quand on prête à une de ses amies, au bout de quelque temps on lui redemande son argent, elle ne vous le rend pas, et elle ne vient plus vous voir, on est brouillées ; si, au lieu de ça, vous refusez de lui prêter, ça la fâche, elle ne vient plus vous voir, on est également brouillées. Puisque des deux façons on est brouillées, j'aime mieux celle qui ne me fait pas perdre mon argent.

— Mais je n'ai jamais eu l'intention de vous demander de l'argent, je ne veux que des conseils.

— Oh ! pour des conseils, tant que tu en voudras, et je me flatte...

Madame Trafalgar n'achève pas sa phrase, car un monsieur vient de se faufiler comme en tapinois dans le boudoir, et cela lui a coupé la parole. Ce personnage, qui peut avoir une cinquantaine d'années, mais qui est mis comme un jeune homme, est petit, maigre, et ses jambes forment le cerceau ; quant à sa figure, elle est laide et commune, mais il tâche de la rendre agréable en souriant souvent.

— Comment ! c'est vous, Bichetout ! s'écrie madame Trafalgar, vous, ce matin ! Mais vous ne deviez venir que ce soir !... vous aviez affaire à Chaillot aujourd'hui !...

— Oui, mais l'affaire de Chaillot a été remise à un autre jour; alors je suis venu pour vous surprendre... Eh! eh!... Ah! si vous aviez été avec un galantin... vous étiez pincée!... Eh! eh!

Tout en parlant, ce monsieur considérait Violette, et ses yeux exprimaient le plaisir qu'il prenait à la voir. Justement, ce jour-là, Violette portait le corset qui la rendait si svelte, si mince, qui lui faisait une taille admirable, et c'était particulièrement cela que M. Bichetout recherchait chez les femmes. Quant à cet avantage se joignait une charmante figure, on ne pouvait manquer de faire sa conquête. Aussi ne se lassait-il pas de contempler la jolie personne qu'il voyait pour la première fois.

Mais Marjoleine, qui est fort mécontente que son entreteneur se trouve avec Violette, et qui remarque déjà combien ses yeux s'animent en la regardant, répond avec humeur :

— Mon cher ami, je n'aime pas les surprises, moi, à moins que ce ne soient des cadeaux. D'abord, si j'avais été en tête-à-tête avec un galantin, comme vous dites, soyez bien sûr qu'on ne vous aurait pas laissé entrer. Mais, vous le voyez, je causais avec une ancienne amie... qui me contait ses peines de cœur... Comme elle m'a tout conté, c'est fini; elle va s'en aller...

— Et pourquoi donc renvoyer si vite madame? dit Bichetout en faisant l'agréable. Pourquoi mon arrivée la ferait-elle partir?... Je serais désolé d'interrompre votre causerie... Continuez comme si je n'étais pas là...

— Nous savons ce que nous avons à faire, mon cher, et cela ne vous regarde pas!... Adieu, Violette! adieu, ma petite! porte-toi bien, et souviens-toi de ce que je t'ai dit...

Violette, presque honteuse des yeux que lui fait ce monsieur qui vient d'arriver, reprend et remet son châle, en disant :

— Adieu, madame Trafalgar!... Je me souviendrai de vos conseils... je tâcherai de trouver un homme sérieux... Mais, c'est égal... je ne sais pas ce que je vais devenir... j'ai bien du chagrin!...

— Ça se passera... ça se passera!... Va te promener, il fait beau...

— Si, par hasard, vous vouliez me voir, vous savez que mon hôtel est rue Montmartre, près de la rue du Croissant; vous demanderiez madame Manfredonia...

— Oui, oui, c'est bien, adieu!...

La grande Marjoleine poussait toujours Violette dehors, si bien que celle-ci trouve à peine le temps de faire une révérence à M. Bichetout, qui lui fait des yeux flamboyants et se permet même de lui envoyer un baiser lorsque madame Trafalgar a le dos tourné.

XVII

M. BICHETOUT.

Violette est retournée chez elle, assez mécontente de l'empressement avec lequel madame Trafalgar l'avait mise à la porte, et trouvant fort singulier que ce monsieur qu'elle voyait pour la première fois se permît de lui envoyer des baisers.

Elle s'informe si, en son absence, son soi-disant cousin Grisgris n'est pas venu la voir. Mais il n'a point reparu. La journée s'écoule sans que personne vienne troubler la solitude de Violette, qui commence à s'inquiéter sérieusement de son avenir, et regarde tristement sa montre, ce présent qui lui rappelle ce jeune homme qui l'aimait si sincèrement; il lui en coûterait de s'en séparer, et pourtant elle voit arriver le moment où cette ressource lui sera indispensable.

Le lendemain s'écoule comme la veille ; mais, le jour suivant, comme Violette allait sortir pour se rendre chez un bijoutier savoir ce qu'on lui donnerait de sa montre, la servante de l'hôtel lui apporte une lettre, adressée à madame Manfredonia.

Violette ne doute pas que la lettre ne lui vienne de Grisgris, quoique ce ne soit pas son écriture ; elle se hâte de l'ouvrir, et lit :

« Belle dame, quand on est aussi jolie, quand on possède une taille comme la vôtre, on ne doit point se livrer au chagrin. On vient de louer et de meubler pour vous un petit appartement au second, rue Charlot, 43, au Marais. Veuillez en prendre possession sur-le-champ ; vous y trouverez tout ce qui peut vous être agréable, et plus tard l'auteur de ce billet ira vous y présenter ses hommages. Le logement est loué au nom de madame Manfredonia ; la concierge vous en remettra la clef. Le terme est payé d'avance. »

Il n'y a pas de signature à cette lettre, mais Violette se dit :

« Certainement, c'est Grisgris qui a voulu me faire cette surprise-là. J'étais bien sûre, moi, qu'il ne m'avait pas abandonnée tout à fait... Il était sans argent, mais sans doute il aura touché les millions qu'il attendait, et il s'empresse de me dédommager du chagrin qu'il m'a causé. Ah ! que je suis contente !... Hâtons-nous d'aller à notre nouveau logement, rien ne me retient ici. »

Et, faisant à la hâte quelques paquets de ses effets, prenant ses cartons à chapeaux, Violette dit adieu à son hôtesse, monte en fiacre et se fait conduire à l'adresse qu'on lui a indiquée.

La maison est convenable, la portière polie, et dès que Violette lui a dit : « Je suis madame Manfredonia, » elle s'empresse de lui présenter une clef, en s'écriant :

— Je vous attendais, madame ; votre appartement est tout prêt ; je vais avoir l'honneur de vous monter vos paquets et vos cartons. Baloche, fais attention à la loge.

Baloche est un petit garçon de sept ans qui est en train d'apprendre à son chien à faire le mort, et qui se contente de répondre :

— Aragon, si tu remues, tu verras !

L'appartement est au second ; il se compose de trois petites pièces : une salle à manger, un petit salon et une chambre à coucher. Tout cela est meublé bourgeoisement ; la chambre à coucher a cependant une étagère chargée de jolies chinoiseries comme il y en avait dans le boudoir de madame Trafalgar.

La portière a posé ses paquets. Violette la retient :

— Madame, quand a-t-on loué pour moi ce logement ?

— Avant-hier, madame, et, hier, on a fait apporter les meubles.

— Vous avez vu la personne qui a fait arranger tout cela ?...

— Oui, madame, j'ai eu l'honneur de voir ce monsieur, qui a voulu absolument payer le terme d'avance, quoique ce ne soit pas l'usage ici.

— C'est un jeune homme, n'est-ce pas?

— Hum!... pas tout à fait!... C'est un jeune homme déjà âgé...

— Il s'appelle Grisgris, n'est-ce pas ?

— Ce monsieur ne m'a pas dit son nom ; il n'a donné que le vôtre, madame... Violette de Manfredonia.

— A-t-il dit quand il reviendrait ?

— Non, madame.

— C'est bien, merci.

Restée seule, Violette examine, regarde partout ; en ouvrant un joli secrétaire, elle trouve dedans un petit rouleau de papier sur lequel est écrit : « Pour madame Manfredonia. » Elle se hâte de défaire le rouleau, qui renferme vingt-cinq napoléons. Elle pousse un cri de joie, compte ses pièces et se dit : « Cinq cents francs ! cela fait cinq cents francs ! Voilà bien la preuve que tout cela vient de Grisgris ; il me rend l'argent qu'il m'avait emprunté... il me rend même un peu plus ! Marjoleine qui disait que les hommes ne rapportaient jamais ? Parce qu'elle est en colère que j'aie un amant jeune et gentil, tandis que le sien est vieux et vilain ! »

Violette est redevenue joyeuse, heureuse ; plus de regrets, plus d'alarmes pour l'avenir ; Grisgris ne la laissera jamais manquer de rien. Elle admire son nouvel appartement, se promène de chambre en chambre;

jamais encore elle ne s'était vue si bien logée. Après avoir tout vu, elle appelle sa portière, qui lui a déjà dit qu'elle était à ses ordres, et, si elle le voulait, ferait son ménage tant qu'elle n'aurait pas de domestique; la portière s'empresse de monter. Violette la charge de lui faire apporter à dîner, lui donne une pièce d'or, en disant : « Quand elle sera dépensée, vous me le direz, et je vous en donnerai d'autres. »

Cette manière d'agir donne à la portière la plus haute idée de sa nouvelle locataire ; ce diable d'argent jette toujours de la poudre aux yeux ! Il fait faire souvent des sottises à des gens d'esprit, comment ne tournerait-il pas la tête à des sots !

Violette dîne très-bien, puis elle attend Grisgris. Elle se dit : « Il viendra ce soir, il viendra s'excuser de m'avoir causé de l'inquiétude et du chagrin... et je lui pardonnerai bien vite. »

Mais la soirée s'écoule, et celui qu'on espérait ne vient pas. Violette se couche, en disant : « C'est probablement son théâtre qui l'empêche de venir ; à présent qu'il est riche, il a sans doute trouvé une place pour le faire bâtir... Il ne viendra que demain. »

Le lendemain, sur les deux heures de l'après-midi, au lieu de Grisgris, c'est M. Bichetout qui se présente chez Violette, encore plus élégant que chez Marjoleine, mais toujours aussi laid. Violette ouvre de grands yeux en reconnaissant le monsieur qu'elle a vu chez madame Trafalgar, et demeure toute saisie, lorsque la concierge qui l'introduit, lui dit :

— Madame, voilà le monsieur qui vous a loué cet appartement.

M. Bichetout s'approche de la jolie fille en lui faisant force saluts, accompagnés de sourires, et Violette, toute émue, toute consternée, lui dit :

— Quoi, monsieur, c'est vous qui avez loué ce logement ?

— Oui, charmante dame ! Est-ce que vous ne l'aviez pas deviné ?

— Oh ! non, par exemple !... Et cette lettre que j'ai reçue ?...

— Elle est de moi ; je ne l'avais pas signée par prudence... Il faut toujours être prudent dans ses relations galantes...

— Mais, cet argent... ces cinq cents francs que j'ai trouvés dans ce secrétaire, monsieur ?...

— Eh bien ! bel ange, ce n'est qu'un faible à-compte sur ce que je prétends vous offrir pour vos dépenses journalières...

— Mais, monsieur, à propos de quoi me faites-vous ces cadeaux, me donnez-vous tout cela ?... Vous ne m'avez vue qu'une fois à peine !...

— C'est bien assez pour vous apprécier, jolie Violette. J'ai vu votre taille divine... j'ai été ébloui... Le peu que j'ai entendu m'en a suffisamment appris sur votre position... Pauvre petite chatte qui ne savait que devenir ! Vous avez dit votre adresse, il m'a été facile de vous trouver...et je vous ai bien vite fait quitter votre hôtel pour que d'autres ne vous y trouvent plus... Eh! eh!... on sait conduire ces intrigues-là...

Violette commence à comprendre les intentions de ce monsieur, et cela ne lui est nullement agréable; elle reste tout interdite devant lui. M. Bichetout la conduit à un fauteuil dans lequel il la fait asseoir, puis il prend une chaise et se met près d'elle, toujours d'un air gracieux, affectant la plus excessive politesse. La jeune fille se tait, elle ne sait que dire à ce monsieur qui lui déplaît beaucoup; celui-ci, voyant qu'elle ne souffle pas mot, tâche, au bout d'un moment, de renouer la conversation.

— Je vous ai acheté ce meuble et ces rideaux en ponceau, parce que le ponceau est une belle couleur et qui sied bien aux femmes... Est-ce que vous auriez préféré l'orange? Vous ne répondez pas?...

— Ah! pardon, monsieur! Qu'est-ce que vous me disiez?

— Je vous demandais si la couleur de ce meuble vous plaisait?...

— Oh! monsieur, la couleur m'est indifférente!

— Ces petites potiches... ces chinoiseries sont-elles de votre goût?... C'est assez original, n'est-ce pas?...

— Oui, monsieur.

— Enfin, cet appartement vous plaît-il?

— Il est trop grand pour moi seule...

— Soyez tranquille, je viendrai vous y tenir compagnie... vous visiter souvent...

— Oh! ce n'est pas la peine de vous déranger, monsieur!

— Elle est ravissante ! Me déranger ; mais cela m'arrangera, au contraire...

Violette se tait et soupire. Un nouveau silence s'établit ; M. Bichetout prend une prise de tabac, et dit enfin :

— Aimez-vous les chats?

— Les chats ? Oui, monsieur, assez.

— Je vous en aurai un, un bel angora blanc... cela amuse, cela fait société. Et les oiseaux,... aimez-vous les serins ?

— Je n'y tiens pas, monsieur.

— Il y en a de très-savants... Et les pierrots, les aimez-vous ?...

Au mot de pierrot, Violette porte son mouchoir sur ses yeux pour cacher ses larmes. M. Bichetout, fort surpris de la voir pleurer, s'écrie :

— Qu'avez-vous ?... Vous avez donc perdu un pierrot que vous aimiez beaucoup?

— Oh ! oui, monsieur !...

— Calmez-vous, je vous en apporterai un qui fait le mort à ravir ?... Je veux tout faire pour vous être agréable...

En disant cela, ce monsieur veut prendre la main de Violette ; celle-ci la retire vivement et dit :

— Monsieur, Marjoleine... non, je veux dire, madame Trafalgar sait-elle tout ce que vous faites pour moi?

— Oh !... par exemple !... elle qui est jalouse comme une panthère !... Mais il n'y a pas à craindre qu'elle en sache rien ! C'est pour cela que je vous ai loué un appartement au Marais ; elle loge dans la Chaussée-d'Antin. Vous êtes fort loin l'une de l'autre... vous ne vous rencontrerez jamais !... Oh ! je suis un finaud, je pense à tout !...

— Mais, monsieur, je ne veux pas causer de la peine à votre maîtresse !... Je ne veux pas que vous la quittiez pour moi !

— Ne vous inquiétez pas de tout cela, bel ange, je sais conduire ma barque... Ce n'est pas la première infidélité que je lui fais... et... Mais, comme vous soupirez ! Auriez-vous mal à l'estomac ?

— Non, monsieur ; mais j'ai bien mal à la tête, j'ai la migraine.

— Alors il faut prendre du thé et du repos... Je vous laisse ; je ne pourrai pas vous voir demain, parce que je vais à Chaillot, où j'ai des ouvriers, une fabrique, et il ne faut pas négliger ses affaires... car ce sont les affaires qui font gagner de l'argent, eh ! eh !... et avec de l'argent on a tout ce qu'on veut... eh ! eh !... Au revoir ! belle dame ! J'espère, après-demain, vous trouver débarrassée de cette migraine...

M. Bichetout fait un gracieux salut à Violette, lui sourit jusqu'à la porte et s'en va.

« Mon Dieu ! est-ce que c'est là ce qu'on appelle un homme sérieux ! se dit alors Violette. Mais jamais je n'aimerai cet homme-là... oh ! jamais !... Et moi qui croyais que tout ce qui est ici me venait de Gris-gris !... Ah ! comme je m'abusais !... »

La jeune fille ne rit plus, ne chante plus ; elle est devenue triste et pensive. La portière, étonnée de ce changement d'humeur, demande à sa nouvelle locataire si elle désire quelque chose, en ajoutant qu'elle est prête à aller au bout de Paris pour lui être agréable. Violette lui répond qu'elle ne désire rien, mais qu'elle s'ennuie, ce qui est bien pis que de désirer quelque chose.

Le lendemain, pour essayer de se distraire, Violette sort et va se promener sur les boulevards. Arrivée à la place de la Bastille, elle entend de la musique et voit beaucoup de monde rassemblé : cette musique, qui frappe singulièrement son oreille, se compose seulement d'un orgue et d'un piston ; mais le piston joue fort bien, et l'orgue l'accompagne sans lui nuire.

Chacun de ces instruments rappelle à Violette des souvenirs qui ne sont pas bien vieux. Elle trouve que les sons de l'orgue sont semblables à ceux de l'instrument qu'on lui avait donné, et dans la manière dont on joue du piston elle croit aussi reconnaître le jeu de Giroflé. Quelque chose lui dit que celui qui l'aimait tant est là. Elle s'avance, et, cachée par plusieurs personnes, peut apercevoir les deux musiciens... Elle avait bien deviné : c'est Giroflé et son frère qui sont là. Giroflé, pâle, changé, amaigri, et qui, en jouant de son piston, conserve un air sombre et chagrin ; Benoît, qui supporte avec peine son orgue sur son genou, et, tout en tournant sa manivelle, regarde son frère et lui sourit pour lui donner du courage.

Violette se sent vivement émue à la vue de l'état auquel par sa faute sont réduits les deux frères ; elle craint qu'ils ne l'aperçoivent ; elle s'éloigne et rentre bien vite chez elle, le cœur gros et plus triste encore qu'elle n'était partie.

En effet, la position des deux frères n'était pas brillante : à la suite du bal dans lequel il avait vu Violette en colombine et au bras d'un jeune homme, Giroflé, désespéré, avait été longtemps incapable de rien faire. Tant qu'il avait cru que celle qu'il aimait était sage, l'espérance l'avait soutenu, son amour se flattait toujours de triompher ; maintenant toutes ses illusions étaient détruites : Violette en aimait un autre, elle courait les bals, elle ne gardait plus aucune retenue : tout espoir était perdu pour lui.

Le pauvre Benoît avait essayé vainement de le consoler ; Giroflé voulait mourir, puis il voulait fuir sur-le-champ cette ville dans laquelle Violette s'était perdue. Benoît ne demandait pas mieux que de quitter Paris, où il ne trouvait pas d'élèves, même parmi les épiciers, où les noces à l'orgue devenaient rares ; mais alors, quand il disait à son frère :

— Viens, mon ami, partons, je suis prêt ; quittons cette ville où tu es si malheureux, où tu n'as plus aucun bonheur à espérer ; retournons à Saint-Jean-aux-Bois ; tu te referas jardinier, et moi je reprendrai une classe ; nous vivrons tranquilles, sans être obligés de courir sans cesse les rues pour gagner avec peine notre vie... Partons, nous serons plus heureux là-bas qu'ici.

Mais alors Giroflé n'était plus décidé ; il avait changé d'avis... Il sentait bien que son frère avait raison, et, pourtant, quelque chose le retenait toujours à Paris... Il répondait à Benoît :

— Oui, nous partirons dans quelques jours...

Puis il se disait :

— Si je quitte Paris, je ne la rencontrerai plus !

XVIII

LE CHAT PROTECTEUR.

Violette a cru pendant toute la soirée entendre cet orgue et ce piston qu'elle a reconnus sur la place de la Bastille. Cette musique, en lui rappelant son existence au village et l'amour sincère de Giroflé, a pénétré jusqu'au fond de son âme et, pour la première fois, lui a fait éprouver comme des remords. Elle se dit que Giroflé ne doit plus l'aimer depuis qu'il l'a vue au bal avec Grisgris, et, quoiqu'elle ait toujours repoussé son amour, elle se sent chagrine de l'avoir perdu. Car les femmes sont ainsi faites : même lorsqu'elles n'aiment plus, elles ne veulent pas qu'on cesse de les aimer.

M. Bichetout avait annoncé sa visite pour le lendemain, et cette attente ne causait à la jeune fille que de l'ennui et presque de l'effroi. Elle avait été plus d'une fois sur le point de dire à sa portière : « Quand ce monsieur reviendra, annoncez-lui toujours que je n'y suis pas. » Puis elle avait réfléchi que ce serait bien malhonnête de ne point recevoir les visites de cet homme sérieux qui lui avait loué un si joli logement et faisait tout son possible pour lui être agréable. Elle se disait : « Par exemple, il aura beau faire, il ne me plaira jamais, il ne sera jamais mon amant; mais s'il veut se contenter de venir causer avec moi, je ne le mettrai pas à la porte. »

M. Bichetout ne manque pas de venir comme il l'avait annoncé; toujours tiré à quatre épingles et habillé en gandin; toujours la parole mielleuse et le sourire sur les lèvres; mais sa vue assombrit sur-le-champ les traits de Violette. Elle a peine à cacher l'ennui qu'il lui inspire, et se retranche encore dans sa migraine, qu'elle prétend ne l'avoir pas quittée depuis deux jours.

M. Bichetout se montre très-affligé de trouver sa nouvelle connaissance malade : il passe en revue tous les remèdes qu'on lui a indiqués pour guérir la migraine, et, voyant que le front de Violette ne s'éclaircit pas, s'éloigne en lui disant :

— J'espère que, demain, je vous trouverai mieux.

Le lendemain, il apporte sous son pardessus un joli chat tout blanc, à longs poils, qu'il dépose aux pieds de madame Manfredonia, en lui disant :

— Voilà un petit esclave que je vous offre... voyez

comme il est joli ! Il se nomme Philoclès... c'est un nom égyptien... Les Égyptiens adoraient les chats ; mais vous aurez le droit de lui donner le nom que vous voudrez. Il est très-doux quand il connaît les personnes, et ne griffe que lorsqu'on lui déplaît.

Violette caresse le chat, qui veut bien rester sur ses genoux. M. Bichetout s'informe de la santé de la jeune femme, lui demande encore si elle est satisfaite de son ameublement, si elle n'y veut rien changer. Violette le remercie et n'est pas fâchée d'avoir le chat à caresser, pour dissimuler l'ennui que lui cause la conversation de ce monsieur. Cette conversation languit beaucoup. Bichetout qui, souvent, ne trouve rien à dire, essaye alors de prendre les mains de Violette ; mais celle-ci les retire vivement. Une fois cependant il est parvenu à en saisir une ; mais Philoclès lui enfonce ses griffes dans le bras, et notre séducteur lâche bien vite la main qu'il tenait, en s'écriant :

— Ah ! bigre !... on m'avait dit qu'il ne griffait jamais !...

— C'est que vous ne lui plaisez pas apparemment? répond Violette en riant.

M. Bichetout murmure :

— Mais, aussi pourquoi êtes-vous si sauvage ?... On ne peut pas vous toucher... vous êtes trop sauvage...

— Pourquoi vouliez-vous me prendre la main, monsieur ?

— Pourquoi... Mais parce que... vous devez bien

penser... Enfin, il faudra pourtant vous apprivoiser !

M. Bichetout n'ose pas renouveler sa tentative, parce que son bras lui fait très-mal, et il prend congé de Violette, en se disant :

— J'ai eu bien tort de lui donner ce chat !... Quelle mauvaise idée j'ai eue là !

Plusieurs jours se passent ainsi : Bichetout vient chez Violette dans la journée, et lorsque celle-ci l'entend arriver, elle s'empresse de prendre Philoclès et de le garder sur ses genoux. Bichetout, ennuyé de ne faire aucun progrès près de celle qu'il regardait d'avance comme sa maîtresse, essaye une fois de lui dérober un baiser ; mais alors c'est sur une joue que le chat applique ses griffes. Le séducteur a la figure abîmée ; il est furieux contre Philoclès, et veut qu'on le mette à la porte ; mais Violette prend la défense de son chat, et dit :

— C'est vous qui me l'avez donné, monsieur, et j'y tiens trop pour jamais m'en séparer.

Cependant un homme sérieux, un homme d'argent ne veut jamais avoir fait des dépenses en pure perte. Bichetout, qui n'a encore recueilli que des coups de griffes, se dit un jour :

« Cette petite a continuellement ce monstre de chat sur ses genoux quand j'arrive ; elle sait que c'est toujours sur les deux heures que je vais la voir, changeons mon heure, et je gage qu'elle ne tiendra pas M. Philoclès dans ses bras.

En effet, le lendemain sur le midi, Bichetout arrive

chez Violette et le chat n'est pas là. En voyant entrer ce monsieur qu'elle était loin d'attendre si tôt, la jolie fille se trouble, se lève, appelle Philoclès, le cherche de tous côtés ; mais son défenseur habituel était allé courir dans la maison, et M. Bichetout, heureux du succès de son idée, s'empresse de prendre la main de Violette et de la conduire devant une causeuse, où il la fait asseoir et se place près d'elle, en lui disant :

— Oh ! cette fois, ma mignonne, ce maudit chat ne sera pas là pour me griffer... et j'arriverai à mon but !

— Que voulez-vous donc, monsieur ?

— Mais vous embrasser d'abord, douce amie ! et puis, ensuite... nous verrons...

— Mais si je ne veux pas que vous m'embrassiez, moi ?

— Oh ! mon bel ange, ce serait par trop sauvage... quand on reçoit les présents d'un homme, ce n'est pas pour lui tenir rigueur...

— Je ne vous avais rien demandé, moi !... Reprenez-les, vos présents... Je ne vous aime pas, monsieur... au contraire...

— Allons, allons, ne soyez pas si méchante !... Moi, je vous adore !...

En disant cela, Bichetout, qui devient audacieux, veut prendre Violette dans ses bras ; mais la jeune fille était forte, vigoureuse ; elle se souvenait encore de ses luttes au village, et c'est elle qui, repoussant Bichetout, l'envoie avec violence rouler à ses pieds,

Avant que ce monsieur ait eu le temps de se relever, la porte de la chambre à coucher est ouverte d'un seul coup de pied, et une femme entre, furieuse, haletante de colère, qui s'écrie, en voyant le tableau qui est devant ses yeux :

— Violette !... c'était pour Violette qu'il me trompait !... Ah ! la traîtresse !... Ah ! le gredin !... Ah ! ma petite... tu viendras chez moi pour m'enlever mon amant, et tu crois que je le souffrirai !... Tu vas voir de quel bois je me chauffe !...

En reconnaissant madame Trafalgar, Violette, d'abord toute saisie, veut ensuite lui répondre, lui expliquer qu'elle n'a rien fait pour attirer chez elle M. Bichetout, dont, au contraire, elle repoussait l'amour ; mais Marjoleine ne lui laisse pas le temps de parler : déjà elle a saisi une chaise avec laquelle, frappant à tort et à travers autour d'elle, elle casse les meubles, les porcelaines, les chinoiseries, les glaces, en s'écriant :

— Tiens ! voilà pour t'apprendre à recevoir des cadeaux de Bichetout !... Tiens ! voilà comme je les arrange, tes meubles !... Ah ! on te donne un appartement... Ah ! on te loge au Marais... Affreux scélérat !... En voyant ta figure toute griffée, je me suis doutée qu'il y avait une intrigue sous jeu, et on a cru que je ne découvrirais pas ma rivale ! Mais je l'aurais trouvée au fin fond de l'enfer !... Ce monsieur... il lui faut une autre maîtresse ; il ne se contente pas de moi !... Ça fait pitié, ma parole !... Et mademoiselle vient chez moi enjôler mon monsieur !... Tu crois donc que c'est pour ça que je t'ai fait venir de ton village !... Vlan ! vlan ! ramasse ta toilette... Et toi, tu vas recevoir ton affaire !...

Madame Trafalgar, brandissant toujours sa chaise, s'approchait de Violette pour l'en frapper ; mais la glace de la toilette qu'elle venait de briser avait sauté en éclats, et l'un des morceaux avait blessé la jeune fille sous l'œil droit. Le sang coule de la blessure, et cette vue arrête Marjoleine, qui jette alors sa chaise de côté, en disant :

— En voilà assez !... Elle a son compte !...

Puis, regardant de tous côtés dans la chambre, elle y cherche en vain Bichetout : celui-ci, aussitôt l'entrée de sa redoutable maîtresse, s'était sauvé en se faufilant sous les meubles.

— Ah ! il a fui... la canaille ! s'écrie madame Trafalgar, après s'être assurée que Bichetout n'est plus dans l'appartement ; mais, il aura beau faire, je le retrouverai, et il aura sa danse aussi !

XIX

MADAME DE BOUCHEROSE.

La portière, qui avait entendu beaucoup de tapage chez madame Manfredonia, s'empresse de monter dès qu'elle a vu partir madame Trafalgar. Elle reste toute saisie en voyant les débris de meubles et de porcelaines joncher l'appartement, et Violette qui pleure, avec sa figure ensanglantée.

— Ah! mon Dieu! que s'est-il donc passé ici?... Tout est brisé... et vous êtes blessée, madame, vous avez la figure coupée !...

— Oui, je le sens bien !...

— C'est cette femme... cette furie qui vous a assassinée !... Mais il fallait crier à la garde... appeler les voisins...

— Oh! ce n'était pas la peine... Elle n'aurait écouté

personne, puisqu'elle n'a pas voulu m'entendre, moi !

— C'est donc votre ennemie mortelle, cette femme-là ?

— Mais, non, c'est une ancienne amie au contraire, c'est elle qui est en partie cause que je suis venue à Paris.

— Et elle vous a donné un coup de poignard dans la joue !

— Mais non, c'est un morceau d'une glace qu'elle a cassée qui m'a atteinte et m'a blessée.

— Il faut mettre là-dessus du sparadrap, du diachylon et du taffetas d'Angleterre.

— Tant de choses que cela, vous croyez ?

— Oui, mademoiselle, cela guérira plus vite... Votre pauvre œil l'a échappé belle ! Je vais vous chercher tout ce qu'il faut pour votre blessure...

— Allez, madame. Ah ! je vous préviens que si M. Bichetout se présentait encore pour me voir, il ne faut pas le laisser monter.

— Cela suffit, madame ; mais je ne crois pas qu'il revienne, à la manière dont il s'est sauvé !... Ah ! le pauvre cher homme ! il était vert, il descendait les marches quatre à quatre, il a sauté par-dessus Baloche, comme s'il jouait au cheval fondu !

— Ensuite, madame, je ne garderai pas ce logement ; vous pourrez mettre écriteau quand vous voudrez.

— Ça me fera bien de la peine de perdre madame, mais, du moment que c'est sa volonté !

— Pourvu que tous ces meubles soient payés ?

— Quant à cela, vous pouvez être tranquille ; j'ai vu moi-même M. Bichetout solder le mémoire du tapissier... Mais ils n'auront pas fait grand profit.

— Ah ! tâchez donc aussi de me retrouver mon pauvre Philoclès ; c'est le seul cadeau de ce monsieur auquel je tenais.

— Oui, madame ; mais ce sera difficile, parce que les chats, voyez-vous, ça n'aime pas le tapage ; dès qu'ils voient qu'on se bat quelque part, ils se sauvent et ne reviennent plus.

Violette se laisse malheureusement panser et soigner par sa portière, si bien que sa coupure qui, rien qu'avec de l'eau fraîche, pouvait se guérir en trois ou quatre jours, s'envenime et met trois semaines à se fermer ; et lorsqu'on ôte les emplâtres, on s'aperçoit qu'il s'est formé tout le long de la joue un bourrelet qui désormais y restera. Violette pleure en se regardant dans ce qui lui reste d'une glace ; elle s'écrie :

— Mais voilà une cicatrice qui est fort laide... Cela me défigure !...

— Non, madame, dit la portière, je vous assure que, de l'autre côté, cela ne se voit pas du tout !

— De l'autre côté c'est possible, mais de face...

— Cela ne gâte pas la figure de madame ; au contraire, ça lui donne bien plus de piquant.

Il faut bien que Violette en prenne son parti, et comme elle a gardé la chambre tant qu'elle a eu la figure entortillée, elle s'empresse de sortir pour se distraire, et avec l'intention de se chercher de l'ouvrage.

La jeune fille a fait une jolie toilette ; car la coquetterie ne perd jamais ses droits, et si elle ne charme plus autant par sa figure, il faut remplacer cela par la tournure ; comme les jours d'ennuis qu'elle vient de passer l'ont un peu maigrie, elle ne manque pas de se mettre le corset qui engraisse et lui donne ce qu'elle n'a pas.

Une fois dehors, et ne sachant pas encore de quel côté diriger ses pas, le souvenir de la grosse Toinon se présente à son esprit ; elle se dit que madame de Boucherose ignore sans doute la conduite que son amie Trafalgar a tenue avec elle ; qu'elle ferait bien de l'en instruire, afin que l'on sache qu'elle n'était pas coupable. Aussitôt elle se décide à se rendre sur-le-champ chez son autre amie, dont elle sait parfaitement l'adresse ; enchantée d'avoir pensé à raconter cette aventure à cette autre connaissance qui devait aussi la protéger.

La maîtresse de Sidi-Aboukir occupait un charmant petit hôtel situé dans les Champs-Élysées, tout près du bois de Boulogne. Une belle allée de tilleuls était plantée devant la maison, puis un mur à grille dorée entourait tout cela.

Violette, qui avait pris un fiacre, descend devant la grille, renvoie sa voiture, puis suit l'allée de tilleuls, en admirant l'aspect distingué de cette demeure, et, parvenue devant un perron, aperçoit une domestique à laquelle elle demande madame de Boucherose.

— Madame est en train de déjeuner, mais ça ne fait rien, je vais vous conduire près d'elle...

— Mais je vais la déranger peut-être... si j'attendais?...

— Oh! vous pourriez attendre longtemps! Madame ne fait que commencer, et elle reste toujours près de deux heures à table... Mais ça ne la dérangera pas, madame reçoit toujours, même quand elle mange, parce que, après déjeuner, elle fait un petit goûter, ensuite elle dîne, ensuite elle soupe, et il serait très-difficile de venir sans la trouver à table.

Violette suit la domestique, qui lui fait traverser un vestibule, et l'introduit dans une belle salle à manger au milieu de laquelle est une table somptueusement servie, et devant laquelle la grosse Toinon est assise et en train de s'attaquer à un superbe chapon.

— Tiens! c'est Violette! s'écrie madame de Boucherose sans se déranger, et en se fourrant un énorme blanc de volaille dans la bouche. Ah! que c'est gentil de venir me voir!... Tu arrives bien, je commence... Mets-toi là à table, tu vas déjeuner avec moi...

— Oh! merci, Toinon... merci, madame de Boucherose, j'ai déjà déjeuné...

— Qu'est-ce que ça fait, on recommence! Moi, je déjeune toute la journée et je dîne très-bien après... Lisette... ohé! Lisette, un couvert pour madame!

Violette, voyant qu'il n'y a pas moyen de faire autrement, se décide à se mettre à table. La grosse dame emplit son assiette de volaille, de pâté, de thon, d'anchois, lui verse du vin de Bordeaux, puis lui dit :

— A présent, mange, et, tout en grignotant ces bêtises-là, conte-moi un peu ce qui t'est arrivé depuis que tu as lâché les corsets, que, du reste, tu as bien fait de lâcher... Tu ne pouvais point passer ta jeunesse là-dedans... Tu dois avoir une foule d'amoureux ! Tu es assez bien mise... Tu as une poitrine comme la mère Gigogne !... Ah ! mais, je sais... je connais ce corset-là. Dieu merci, je n'en ai pas besoin. Mais, mon Dieu ! qu'est-ce que je vois donc à ta joue droite ?... Quelle balafre ! Si c'est un de tes adorateurs qui t'a arrangée comme cela, il t'aime trop, ce monsieur, et je te conseille de le mettre à la porte.

— Oh ! non, ce n'est pas un amoureux qui m'a fait cela... Mais vous n'avez donc pas vu Marjoleine, madame Trafalgar, depuis quelques jours ?

— Non, nous sommes brouillées depuis un mois... Cette dame se permettait de dire que Sidi-Aboukir ressemblait à un potiron, et tout cela parce que mon Turc n'a jamais fait attention à elle ! On t'en donnera des potirons de cette espèce-là !... Moi, je lui ai dit que son Bichetout avait l'air d'un serin déplumé !... Attrape ! Mais, quel rapport peut-il y avoir entre ta balafre et la Trafalgar ?

Violette fait à Toinon un récit exact de tout ce qui lui est arrivé depuis qu'elle a été faire visite à Marjoleine... La grosse dame, qui écoutait d'abord tout en mangeant, est bientôt prise d'une envie de rire qui la force à suspendre ce travail; elle saute sur sa chaise, et bat des mains en s'écriant :

— Il serait possible!... Tu avais fait la conquête du Bichetout!... Ah! la bonne aventure!... Il t'avait mise dans tes meubles... et Trafalgar a découvert la mèche!... Ah! que j'aurais voulu voir ça... Ah! que je suis contente de savoir tout ça!... Ouf! j'en étouffe!... Je vais boire du marsala; bois-en un verre, ça te fera du bien... Ah! Marjoleine, quelle figure elle devait faire!... Et elle a cassé tous tes meubles, pauvre petite!...

— C'est d'autant plus vilain que je n'avais rien fait pour que ce M. Bichetout fît attention à moi!...

— Oh! tu lui avais bien un peu fait de l'œil?...

— Mais, non, je vous jure!...

— Connu! connu!... Mais je ne te blâme pas!... Ah! la Trafalgar qui fait tant sa tête!... qui croit que le Bichetout l'adore au point de l'épouser un de ces jours!... Comme je vais m'amuser à ses dépens!... Tout briser chez toi! Comme c'est mauvais genre! comme c'est petit monde!

— Vous n'en auriez pas fait autant, vous, ma grosse Toinon?... Ah! pardon, je veux dire Boucherose...

— Moi?... Oh! non, certes... Moi, si on essayait de m'enlever Sidi... Ah! fichtre!... je ne sais pas ce que je ferais... Mais ça ne serait pas drôle!... Le malheureux de ton histoire, c'est cette grande cicatrice qui t'est restée sur la joue, et te gâte ce côté-là! Quel est donc l'âne qui t'a soignée?

— C'est ma portière.

— Oh! alors, je ne m'étonne plus. Et que comptes-tu faire maintenant, petite?

— Mais je ne sais... Que me conseillez-vous?...

— Si tu m'en crois, tu te mettras dans un magasin de modes; tu y seras d'abord plus gaiement que chez la Repiqué, et puis tu y feras des conquêtes... Les modistes sont très-courues par les hommes huppés... Je vais te donner des adresses, où tu iras de ma part... Lisette! Lisette!

— Vous n'avez donc plus votre petit nègre jaune?

— Si fait, mais, depuis quelques jours, je l'ai prêté à Sidi qui en a besoin... Nous nous prêtons nos gens!... Lisette, donnez-moi ces adresses posées là-bas... C'est cela. Tiens, Violette, voilà deux magasins grand genre qui ont ma pratique, tu peux y aller de ma part... Ah! mon Dieu, comme cette couture te change ce côté-là!... Scélérate de Marjoleine!... Ah! j'en rirai longtemps... A présent, ma petite, tu vas décamper, parce que voici bientôt l'heure où mon Turc vient me rendre ses hommages. Je ne suis pas jalouse de toi, mais j'aime autant qu'il ne te trouve pas ici... Je ne suis pas si bête que Marjoleine.

— Il ne demeure donc pas avec vous, votre Turc?

— Oh! non, par exemple, ce serait mauvais genre!.. D'ailleurs, il lui faut un hôtel immense; il a au moins six voitures à ses ordres... Moi, du reste, j'aime autant ne pas l'avoir toujours sur mes talons...

— Adieu, madame ! Je vous remercie de votre complaisance... J'irai voir ces modistes...

— Vas-y, ma chère, tu feras bien ; adieu ! Je ne te reconduis pas, parce que je n'ai pas fini de déjeuner.

Violette donne un poignée de main à la grosse Toinon, qui vient d'entamer un pâté de foie gras, puis elle reprend le chemin par où elle est venue, suit la belle allée de tilleuls, et quitte la somptueuse demeure de la ci-devant cuisinière.

Mais ce que la jeune fille n'a pas remarqué en s'en allant, parce qu'elle était absorbée dans ses pensées, c'est une jolie voiture bourgeoise qui s'est arrêtée un peu avant la grille de l'hôtel. De cette voiture est descendu un petit homme, d'une soixantaine d'années, rond comme une boule, la figure bouffie, les bras courts, les jambes de même, qui se dandine en marchant comme s'il boitait, tant il a de peine à porter son ventre, et ressemble, enfin, à ces jouets, appelés poussah, que l'on donne aux enfants pour s'amuser. Ce monsieur, qui répand au loin une forte odeur d'essence de rose, a vu Violette sortir par l'allée de tilleuls; il s'est rangé de côté, et a pu l'examiner tout à son aise, sans qu'elle fasse attention à lui. Il demeure en admiration devant sa tournure, sa taille bien prise et sa poitrine prépondérante. Il murmure entre ses dents :

— Oh ! le belle houri ! Le superbe gorge !

Puis, se tournant vers un petit mulâtre qui le suit,

lui montre la jeune femme qui s'éloigne, et lui dit :

— Double-Six... suivez ce jolie femme sans rien dire... Vous entendez ?

— Oui, maître.

— Sachez le nom, l'adresse, l'état, et vous direz à moi toute seule !... Vous entendez ? Toute seule !

— Oui, maître.

— Allez ! Et si vous bavardez à d'autres, je ferai empaler vous !

— Oui, maître.

Après avoir donné cet ordre, Sidi-Aboukir est entré dans l'hôtel ; tandis que Violette suit son chemin, sans se douter qu'elle est suivie par le petit mulâtre de madame de Boucherose.

XX

SIDI-ABOUKIR.

Violette est allée dans les deux magasins de modes dont la grosse Toinon lui a donné l'adresse. Là, on l'accueille avec politesse, mais on lui dit :

— Mademoiselle, en ce moment, nous n'avons besoin de personne; repassez dans une quinzaine de jours, peut-être ce sera différent.

« Quinze jours ! c'est bien long, se dit notre héroïne en retournant chez elle. Que ferai-je jusque-là ? Mon appartement me déplaît depuis que presque tous mes meubles sont brisés; je m'y ennuie, et j'ai toujours peur d'y voir revenir M. Bichetout ou la terrible Marjoleine !... Si, du moins, mon pauvre Philoclès m'était resté !... Mais il n'est pas revenu depuis que la Trafalgar a brisé ma porte d'un coup de pied. Je n'ose plus aller me promener... il me semble que tout le monde regarde ma joue droite... Je n'ai bientôt plus d'argent... La portière me dit que j'ai le droit de vendre mes meubles, puisqu'on me les a donnés... Je n'oserai jamais ; j'aurais peur que M. Bichetout ne vînt me les redemander... D'ailleurs, ils sont abîmés, on n'en voudra pas... Ah! ce n'est pas là l'existence que l'on m'avait promise à Paris!... Où est-elle donc cette vie de plaisirs, de joie, de fêtes que je devais y goûter, parce que j'étais très-jolie?... Je ne suis plus jolie que d'un côté, je ne plairai plus ; et, d'ailleurs, s'il faut se laisser embrasser et courtiser par des hommes comme M. Bichetout, je crois que j'aimerais encore mieux faire le mannequin chez madame Repiqué. »

Trois jours après sa visite à madame de Boucherose, Violette voit arriver chez elle un domestique tout galonné qui lui apporte une lettre, en lui disant d'un ton respectueux :

— De la part de mon maître ! A madame Manfredonia.

— Votre maître ? répond Violette, tout en prenant le billet qui répand une forte odeur d'essence de rose. Quel est-il, votre maître ?

— Il m'a défendu de dire son nom à madame.

— Ah! mon Dieu! Est-ce que ce serait encore M. Bichetout?

Le domestique sourit en répondant :

— Non! Oh! je puis assurer que ce n'est pas M. Bichetout.

— A la bonne heure !... Et que me veut-il, votre maître ?

— Veuillez lire, madame.

Violette brise le cachet et lit :

« Superbe femme ! je ne suis pas un freluquet qui ne voudrait que s'amuser à vos dépens ; je suis un homme sérieux, et je veux faire votre bonheur. J'ai loué pour vous, en attendant mieux, une charmante petite villa toute meublée, à Saint-Mandé, à la porte de Paris. Allez en prendre possession, et faites-y transporter vos effets les plus précieux. Ma voiture est à vos ordres ainsi que mon valet de chambre. Plus tard, j'aurai l'honneur d'aller vous y présenter mes hommages. »

Cette lettre n'était pas signée ; mais l'écriture n'a aucun rapport avec celle de M. Bichetout ; cependant Violette dit au valet qui attend :

— Pourquoi votre maître n'a-t-il pas signé ce billet ?

— Je l'ignore, madame.

— C'est lui qui l'a écrit ?

— Mon maître n'écrit jamais, il l'a en partie dicté à son secrétaire.

Un homme qui a un secrétaire, cela annonce déjà un grand personnage. Violette se met à la fenêtre, regarde dans la rue, et voit devant la maison un bel équipage arrêté. Le cocher est superbe ; il a une redingote d'une entière blancheur. La vue de cette élégante voiture lui cause une certaine émotion. Elle reprend :

— Cet équipage que je vois en bas... est à votre maître ?

— Oui, madame. Il m'a chargé de dire à madame qu'il serait à sa disposition toutes les fois qu'elle le voudrait.

Un équipage à sa disposition ! Quelle est la jeune femme qui ne sera pas flattée d'une telle proposition. Violette est de plus en plus émue, elle balbutie :

— Mais, enfin, d'où votre maître me connaît-il ?

— Je n'en sais rien, madame.

— Où m'a-t-il vue ?

— Il le dira sans doute lui-même à madame.

— Est-ce un homme... jeune, votre maître ?

— Il ne m'a jamais dit son âge, madame...

— Et... il est donc bien riche ?

— Millionnaire, madame.

« Grisgris aussi se disait millionnaire en perspective ! pense Violette, mais il n'avait pas d'équipage à sa disposition... Après tout, que risqué-je ? Je m'ennuie ici, où il me semble toujours que je vais voir arriver la Trafalgar... Une villa !... On m'a dit qu'on appelait ainsi une jolie maison de campagne... Voilà justement la belle saison qui revient... allons-y ! »

Et, s'adressant au domestique galonné :

— Monsieur, je fais quelques paquets et je vous suis...

— Que madame se donne le temps... et, si je puis l'aider, je suis à ses ordres.

La jeune femme a bientôt rassemblé ses effets, ses parures. Le valet prend les paquets, les cartons, qu'il porte dans la voiture. Violette vient ensuite et dit à la portière :

— Je m'en vais... Adieu, je ne reviendrai plus !

— Il serait possible !... Et ces débris de meubles qui sont là-haut ?

— Faites-en ce que vous voudrez, je n'en veux pas... J'en fais cadeau à Baloche.

— Ah ! que vous êtes bonne !...

— J'ai maintenant un équipage à ma disposition...

— Quoi !... cette voiture magnifique qui attend ?...

— Est à mes ordres...

— Ah ! que vous méritez bien ça ! Après avoir été si détériorée par cette furie !...

— Adieu, madame, si vous retrouvez Philoclès, je vous le recommande, faites-lui une bonne pâtée !

Le domestique a ouvert la portière ; il aide Violette à monter, puis grimpe derrière. Le cocher touche ses chevaux qui partent rapidement, et jamais celle qui est dans la voiture ne s'est sentie si moelleusement voyager, et toujours dans une atmosphère d'essence de rose.

Le brillant équipage s'arrête à Saint-Mandé, devant une jolie villa bâtie à l'Italienne. Les murs, à grille, ont sur chaque pilastre des vases de fleurs ; il y en a aussi sur le perron, sous le vestibule : la maison est presque un bouquet. Violette est enchantée ; elle respire avec délices, elle se croit chez une fée, ou tout au moins dans un séjour de grand seigneur. Une jeune fille assez gentille, l'air fort déluré, et qui est habillée assez coquettement, vient la saluer, en lui disant :

— Madame, je serai votre femme de chambre, si vous voulez bien m'agréer pour cela ; enfin, je suis ici pour vous servir.

Violette est tout étonnée que cette jeune fille, qui est mieux mise qu'elle, ne soit que sa domestique ; elle la remercie et lui fait la révérence. Cependant le valet s'est arrêté dans le vestibule, et dit :

— Si madame ne veut pas se servir de la voiture aujourd'hui, je vais retourner près de mon maître.

— Allez !... Ah ! dites-moi, votre maître doit-il venir me voir aujourd'hui ?

— Oh ! non, madame, ne l'attendez pas aujourd'hui ni même demain ; monsieur est un peu indisposé pour avoir pris hier trop de sorbets, et, comme monsieur a très-peur d'être malade, pour la moindre chose il se soigne beaucoup...

— Oh ! il fait bien !... Qu'il ne se gêne pas pour moi.

— Pardon, madame, j'oubliais de vous remettre cette clef... C'est celle d'un petit meuble que madame trouvera ici dans son appartement.

Violette a pris la clef ; le valet est parti avec l'équipage... Le premier soin de la jeune fille est de se faire indiquer son appartement ; elle brûle de savoir ce qu'il y a dans le petit meuble dont on vient de lui remettre la clef, et que bien heureusement, on ne lui a pas défendu d'ouvrir, car toutes les femmes ressemblent beaucoup à madame Barbe-Bleue. La maison ne se composait que d'un rez-de-chaussée et d'un premier étage. Au-dessus était une terrasse. Tout cela était petit, mais bien distribué, et meublé avec une élégance qui offrait une énorme différence avec le logement modeste de la rue Charlot. L'appartement de Violette est au premier ; elle a une charmante chambre à coucher, puis un délicieux boudoir, et de tous côtés des divans et des coussins ; cependant, elle aperçoit une espèce de table à ouvrage avec un tiroir à serrure ; c'est là qu'elle essaye sa clef, qui, en effet, ouvre le meuble, et elle trouve dans le tiroir un collier, des boucles d'oreilles en topazes, plusieurs bagues, puis, dans une belle bourse en soie, deux cents napoléons. Violette reste toute saisie ; elle prend, examine, essaye les bijoux, elle compte cet or qui est devant elle, et murmure :

« Quatre mille francs !... Et des bagues !... un collier !... Mais c'est donc d'un grand seigneur que j'ai fait la conquête ?... Je n'en reviens pas ! Où donc m'a-t-il vue ?... Et, malgré ma balafre, il me trouve donc encore jolie ?... Oh ! certainement c'est un homme sérieux !... Mais s'il pouvait être joli garçon. »

Mademoiselle Lizida, c'est le nom de la femme de chambre, offre à sa maîtresse de lui faire visiter toute la maison et le jardin. Violette accepte. Tout est élégant, confortable ; le jardin est petit, mais c'est un bouquet de fleurs. On trouve en bas la concierge qui est en même temps jardinière et cuisinière ; elle vient saluer la nouvelle locataire :

— Madame est-elle contente de sa maison de campagne ?

— Oui, madame, très-contente...

— D'abord, toutes les dames qui ont logé ici s'y sont trouvées bien... Madame est-elle aussi artiste ?

— Non, madame. Vous avez donc eu des artistes, ici ?

— Je crois bien ! des dames de théâtre ! des grands talents !... Et puis, des danseuses de l'Opéra et du théâtre du Châtelet... C'est moi qui leur préparais à souper, quand elles revenaient ici le soir, après le spectacle. On en faisait des soupers soignés !... Madame me prend-elle pour sa cuisinière ?

— Volontiers.

— Alors, soyez tranquille, je vous ferai des petits plats à vous *licher* les doigts.

— Est-ce à vous qu'on a loué cette maison ?

— Oui, madame, au nom de madame Manfredonia, et payé les six mois d'avance, comme c'est l'usage, à la campagne.

— Et qui est venu louer ?

— Le grand laquais qui a amené madame tout à l'heure.

— Et vous, Lizida, qui vous a placée ici ?

— Je servais ici à côté, où je ne me plaisais pas ;

la concierge m'a dit qu'on l'avait chargée de trouver une femme de chambre... Je lui ai dit : « Me voilà ! »

Violette voit qu'elle n'en saura pas davantage sur le personnage mystérieux dont elle a fait la conquête ; elle prend son parti et se décide à attendre les événements.

Le lendemain, le même équipage et les mêmes valets viennent prendre les ordres de madame Manfredonia. Celle-ci monte dans la voiture et se fait conduire dans les plus beaux magasins de nouveautés, d'étoffes pour dame, car, lorsqu'une jeune fille, qui n'a pas l'habitude de posséder une forte somme, se voit tout à coup à la tête de beaucoup d'or, le premier usage qu'elle en fait, c'est de le dépenser, de le gaspiller en étoffes et en chiffons.

Cependant Violette ne dépense que douze cents francs, en robes, en châles, en chapeaux ; mais elle a eu soin de ne point aller chez les marchandes de modes, où peu de jours auparavant elle avait été demander de l'ouvrage.

Cinq jours se sont écoulés ; le protecteur inconnu ne s'est pas encore montré. Cependant le domestique a dit que son maître allait mieux, et ne tarderait pas à venir présenter ses hommages à madame.

Enfin, le septième jour, Violette, qui a entendu l'équipage s'arrêter devant sa demeure, court, comme à son ordinaire, se mettre à sa fenêtre. Cette fois, il y a du monde dans la voiture, car le valet de pied a ouvert la portière ; en effet, quelqu'un ou quelque chose en descend, cela se distingue difficilement : c'est une grosse masse comme une boule qui roule sur le domestique, qui l'attend de pied ferme et la pose à terre. Alors, cette boule, cette masse, entre dans la maison. Violette reste toute saisie en voyant ce poussah qui marche ; elle s'écrie :

« Mon Dieu ! mais ce n'est pas un homme, ça ! c'est une tortue ! »

Et elle n'a pas envie de descendre. Mais Lizida lui vient annoncer qu'on l'attend dans le petit salon, en bas. Il n'y a pas moyen de reculer, il faut qu'elle se résigne à recevoir son homme sérieux.

Sidi-Aboukir, qui n'était pas aussi bête qu'il était gros, avait su par sa maîtresse, Toinon, toute l'histoire de Violette, et ce qui lui était arrivé avec madame Trafalgar. C'est pourquoi l'ex-pacha avait voulu garder le plus strict incognito avec la jeune fille, bien persuadé qu'elle refuserait toutes ses propositions, si elle savait qu'elles lui étaient faites par l'entreteneur de son amie, madame de Boucherose.

Violette est arrivée, presque en tremblant, dans le salon où l'attend Sidi, qu'elle salue sans oser le regarder. Mais celui-ci vient à elle, toujours en se dandinant, et la conduit à un divan, en lui disant, avec sa petite voix de fausset, et son accent dans lequel il y a un peu de tous les idiomes :

— Bonjour, charmante, bonjour ! Comment vous portez-vous ?

— Très-bien, monsieur, je vous remercie.

— Moi, j'ai été indisposé... J'ai encore un peu mal au ventre... Je prends trois lavements le matin, et deux le soir... ça fait du bien ! Mais j'ai maigri beaucoup !

« Mon Dieu ! comment était-il donc ? se dit Violette, » que cette conversation laxative commence à rassurer un peu.

— Êtes-vous bien dans cette villa ?

— Oui, monsieur, très-bien.

— C'est gentil... Je connaissais ; un ami à moi y avait logé la maîtresse à lui... Avez-vous tout ce qu'il vous faut ?

— Oui, monsieur, et je me suis permise d'accepter votre voiture pour aller faire des emplettes dans Paris...

— Vous avez bien fait... J'ai plusieurs voitures à votre disposition.

— Monsieur... où donc m'aviez-vous vue ?... d'où saviez-vous mon nom ?

— Je vous avais vue à la promenade... Oh ! je remarque tout de suite les jolies femmes... les belles poitrines ; j'ai fait suivre vous... Et le portière il avait dit votre nom tout de suite.

— Ah ! je comprends... Mais le vôtre, monsieur, je ne sais pas le vôtre, moi ?

— Le mien ?... Oh ! j'étais étranger... Américain... Mon nom, il est trop difficile à prononcer... Vous pourriez pas le dire... Vous appellerez moi Arthur, c'est un joli nom

— Ah ! vous voulez que je vous appelle Arthur ?

— Oui, toutes les petites femmes, dans les pièces au théâtre, elles ont un amoureux qui s'appelle Arthur...

— C'est différent ! Si vous tenez à ce nom-là...

— Voulez-vous marcher un peu devant moi, pour que j'admire encore le tournure à vous...

— Vous voulez que je marche dans ce salon ?

— Oui... promenez-vous un peu... là... c'est cela... Oh ! jolie prestance, belle femme !... Je suis très-content !...

Le gros poussah, qui était resté assis sur le divan, ne se lassait pas de voir Violette passer et repasser devant lui. Mais tout à coup il regarde une pendule qui est sur la cheminée, et faisant un bond sur le divan, se lève avec peine, en s'écriant :

— Oh ! c'est l'heure de mon troisième lavement... j'allais l'oublier ! Adieu, petite, à bientôt ! Je reviendrai vous voir... Pensez à Arthur... qui vous donnera tout ce que vous voudrez.

Sidi-Aboukir est parti, et Violette, qui l'a regardé monter en voiture, se dit :

« Appeler ça... Arthur !... Je ne pourrai jamais !... Mon Dieu ! pourquoi donc les hommes sérieux sont-ils si laids ! Mais, enfin, si celui-ci se contente de me voir me promener devant lui... ce n'est pas bien fatigant. »

Au bout de trois jours, le Turc revient voir sa nouvelle passion. Il marche toujours en se tenant le ventre ; cependant il annonce qu'il va mieux et ne prend plus que trois clystères par jour, détails qui ont peu de charme pour Violette, qui conserve un air sérieux en les écoutant. Aussi Sidi lui dit-il bientôt :

— Riez un peu, s'il vous plaît !
— Vous voulez que je rie, monsieur ?
— Oh ! oui, et appelez-moi Arthur !
— Je n'oserai jamais, monsieur !
— Pourquoi vous pas oser ?
— Parce que c'est trop familier, et que je respecte trop monsieur !
— Je veux pas qu'on me respecte... je veux que l'on m'adore !... Je donne tout ce qu'il faut pour être adoré.. Dansez un peu devant moi, belle Violette !
— Vous voulez que je danse devant vous ?...
— Oui ; le danse comme les bayadères...
— Je ne connais pas cette danse-là, monsieur...
— C'était ce que vous appelez ici le cancan, c'était... Ah ! bigre !...

La grosse boule se tâte le ventre, fait la grimace, se lève et s'en va bien vite, en disant :

— Oh ! cette gueuse de colique qui revenait toujours !... Adieu, ma belle !.. Je peux pas encore jeter le mouchoir à vous.

Violette rend grâce au ciel qui a envoyé cette colique à ce monsieur qui veut être adoré. Plus elle le voit, plus il lui semble affreux. Elle se dit :

« Aujourd'hui, il veut que je danse devant lui ; mais

que me demandera-t-il une autre fois ?... Et s'il voulait m'embrasser, je crois que je le battrais. »

Huit jours s'écoulent ; le poussah n'est pas revenu. Violette est enchantée ; elle se trouverait très-heureuse, si ce monsieur voulait se contenter de lui envoyer son équipage, sans jamais être dedans. Mais, le neuvième jour, le bruit de la voiture se fait entendre. La jeune femme va, suivant son habitude, regarder si quelqu'un en descend ; mais, cette fois, elle pousse un cri de surprise, de terreur : ce n'est pas le valet de pied ordinaire qui a ouvert la portière, c'est un petit mulâtre qui fait cet office, et ce mulâtre, Violette le reconnaît ; c'est celui qui accompagnait Toinon quand elle est venue la voir à la campagne, et qu'elle appelait Double-Six. En un instant, toute la vérité se dévoile aux yeux de Violette ; elle comprend que cet homme qui l'a mise dans cette villa n'est autre que Sidi-Aboukir... l'entreteneur de madame de Boucherose.

Cependant le gros Turc est arrivé dans le petit salon du rez-de-chaussée ; il a, cette fois, l'air tout guilleret, il se frotte les mains, sourit et dit à Violette :

— Oh ! cette fois, je ne suis plus malade du tout, je suis bien guéri... Je pouvais rire avec vous... je pourrai parler d'amour !

Et Sidi veut prendre les mains de Violette ; mais celle-ci le repousse violemment, en lui disant :

— Monsieur, vous m'avez trompée, je sais qui vous

êtes!... Vous n'êtes point un Américain, mais un Turc; enfin, votre nom est Sidi-Aboukir, et vous êtes l'amant de madame de Boucherose!

Le poussah demeure tout surpris, puis il murmure :

— Qui donc a bavardé... a osé dire cela à vous, malgré mes ordres?... Je allais chasser tout de suite!...

— Personne n'a bavardé, monsieur; mais, aujourd'hui, vous avez amené avec vous ce petit mulâtre que j'ai reconnu pour l'avoir vu avec Toinon... je veux dire Boucherose, quand elle est venue me voir dans mon village.

— Ah! vous connaissiez Domingo!... Eh bien! oui, je suis Sidi-Aboukir!... Ce n'est pas une raison pour me repousser. Je vous couvrirai de perles, de diamants, comme j'ai couvert la grosse Boucherose.

— Je ne veux rien de vous. Vous êtes l'amant de Toinon!... Elle me tuera, si elle apprend ce que vous faites pour moi!

— N'ayez donc pas peur, elle ne le saura jamais! Allons! petite, ne tremblez pas ainsi; cela vous maigrira... Elle est déjà toute pâle!... Il faut boire quelque chose pour vous remettre... Ce soir, je reviendrai... Je veux passer toute la soirée avec vous; nous boirons du punch, vous m'appellerez Arthur... Oh! ce sera très-joli!... Remettez-vous... ne tremblez plus!... A ce soir!... Tenez, bel ange!

Sidi-Aboukir sort un mouchoir tout garni de dentelles, qu'il jette presque au nez de Violette, en lu répétant :

— A ce soir !... Prenez des potages pour guérir votre tremblement.

Le gros Turc quitte le salon en se dandinant et remonte dans son équipage que l'on entend s'éloigner. Violette est restée toute pensive dans le petit salon, assise sur un divan. Elle trouve qu'il est cruel de quitter une si agréable maison de campagne et toutes les jouissances qu'elle y goûte ; mais elle frémit en songeant à Toinon. Elle se dit que tôt ou tard elle découvrira la vérité ; elle s'étonne même qu'elle n'ait pas encore surpris le secret de Sidi, depuis près de trois semaines que celui-ci a fait conduire sa nouvelle passion à Saint-Mandé.

Il y avait près de deux heures que Sidi-Aboukir était parti. Violette, demeurée seule dans son salon du rez-de-chaussée, se sentait sous le coup d'une terreur qui augmentait sans cesse : c'était comme le pressentiment d'un malheur qui la menaçait. Tout à coup on entre dans la pièce où elle est ; on marche doucement ; on vient vers elle... Violette n'a pas relevé la tête, car elle est persuadée que c'est Lizida qui vient d'entrer. Mais quand elle la relève enfin, elle demeure glacée d'épouvante : une femme est là près d'elle, qui l'examine, qui la couve de ses regards. Cette femme est Toinon, dont la pâleur est effrayante, et qui n'adresse à Violette que ces mots :

— Ah ! tu me prends aussi mon amant, à moi,

grâce à ton corset soufflé! Eh bien! je vais t'arranger le façon que tu n'en prendras plus à personne!

Alors, tirant de dessous son manteau une fiole toute débouchée, elle en jette tout le contenu sur le visage de celle que sa voix a terrifiée, puis s'éloigne en disant :

— Tu ne feras plus de conquêtes maintenant!

XXI

ADVERSITÉ.

C'était avec de l'eau forte que madame de Boucherose avait aspergé le visage de son ancienne amie, et c'était sur le côté gauche de sa figure, sur celui qui n'avait point de cicatrice, qu'elle avait eu soin de jeter cette eau corrosive qui, en brûlant la peau, y laisse des marques ineffaçables.

Dans le premier moment, Violette n'a rien senti ; la terreur lui avait presque ôté l'usage de ses sens ; mais au bout de quelques instants, elle se sent brûler au visage, et ses souffrances deviennent si vives qu'elle crie et appelle à son secours.

La femme de chambre arrive, puis la concierge ; ces deux femmes poussent de grands cris en voyant dans quel état est le visage de leur maîtresse ; l'une lui jette de l'eau fraîche à la figure, l'autre court chercher un médecin dans le voisinage. Le médecin n'arrive qu'un quart-d'heure après ; il ordonne plusieurs choses ; mais le mal était déjà irréparable.

— Qui donc vous a arrangée ainsi, madame ? dit-il à Violette. C'est un crime, c'est un assassinat que l'on a commis sur vous… il faut porter plainte…

— Je n'ai vu entrer qu'une dame, dit la concierge ; elle était fort bien mise ; elle a demandé madame Manfredonia et est entrée dans la maison. La connaissez-vous, madame ?

Violette hésite, puis enfin elle balbutie :

— Non, je ne la connais pas !

On met au lit la jeune blessée, on lui prodigue tous les soins. Tout l'art du médecin parvient à éviter que l'œil gauche ne soit perdu ; mais il ne peut empêcher que ce côté du visage ne soit horriblement lacéré, couturé, abîmé. Cette fois, Violette a totalement perdu sa beauté, qui ne peut plus revenir.

Par une singulière coïncidence, à partir de ce jour, où la jeune femme a été si cruellement maltraitée par la vindicative Toinon, Sidi-Aboukir et son équipage cessent de reparaître à la jolie villa de Saint-Mandé. Cela étonne beaucoup la femme de chambre et la concierge, qui se demandent comment le riche amoureux a pu savoir que madame Manfredonia avait cessé d'être séduisante ; mais cela ne surprend nullement Violette, qui présume bien que madame Boucherose n'aura pas manqué de conter à son Turc ce qu'elle avait fait et de se vanter d'avoir défiguré celle dont il était amoureux.

Dans les premiers jours de sa souffrance, Violette qui garde le lit, n'a pas cherché à voir son visage ; mais les tristes regards que mademoiselle Lizida jette sur elle lui font deviner une partie de la vérité. Cependant, bientôt elle demande un miroir pour connaître son état.

— Pas encore, madame ! lui dit la suivante ; vous êtes encore trop rouge... cela vous effrayerait ; mais cette rougeur passera... attendez un peu.

La pauvre blessée attend quelques jours, puis elle demande de nouveau le miroir, que Lizida lui refuse toujours sous différents prétextes. Mais, un jour, se sentant assez forte pour se lever, Violette quitte son lit, se dirige vers la glace, puis pousse un cri en se voyant, ou plutôt en ne se reconnaissant pas.

Lizida accourt au cri de sa maîtresse, et trouve celle-ci évanouie devant cette glace qui lui a fait voir à quel point la vengeance de Toinon l'avait défigurée. Quand Violette revient à elle, c'est pour verser d'abondantes larmes. Puis, enfin, elle s'efforce de rappeler son courage, en se disant :

— C'est à ma beauté que j'ai dû tous mes malheurs !... C'est elle qui est cause que je suis venue à Paris... pourquoi donc la regretter ?

Mais Violette ne songeait pas alors qu'avec sa beauté, quand on n'a que cela pour tout bien, devait disparaître la fortune et arriver l'adversité. Elle passe encore trois mois dans cette campagne qu'on lui a louée; mais, chaque jour, elle voit diminuer cet or qu'on lui avait prodigué et qu'elle n'a pas songé à ménager. Lorsqu'elle s'aperçoit qu'il ne lui reste plus qu'une faible somme, elle congédie sa femme de chambre et prévient la concierge qu'elle peut mettre écriteau, parce qu'elle quittera bientôt la villa.

— Pauvre dame! murmure la concierge en regardant Violette; c'était pas la peine d'y venir pour vous y faire arranger de la sorte!... Et vous ne connaissez pas celle qui vous a abîmée ainsi?

— Non... répond Violette; et, d'ailleurs, quand je la connaîtrais, à quoi me servirait maintenant de chercher à la faire punir? Cela ne me rendrait pas ma figure d'autrefois!

— Mais cela servirait à vous venger... et c'est quelque chose!

— Oui, quelque chose d'affreux!... Car ce sont des vengeances qui m'ont réduite en cet état... et pourtant je n'étais pas coupable, moi!... je n'avais rien fait pour attirer sur ma tête la colère de ces femmes!

Violette descend à Paris pour y louer un petit logement modeste. Maintenant, elle est mise avec élégance; mais elle porte un voile par-dessus son chapeau. Cependant, comme sa tournure est toujours gracieuse, comme elle a conservé sa jolie taille, son petit pied et sa jambe bien faite, plus d'un galant suit encore ses pas; mais lorsque, à force de patience, ce galant est parvenu à apercevoir un petit coin du visage de celle qu'il a suivie, il disparaît bien plus vite qu'il n'était venu.

Violette a loué dans Paris un petit logement tout garni; elle ne tarde pas à s'y installer, car le séjour de la villa lui est devenu insupportable. Mais que peut faire une jeune femme à Paris, quand elle n'a aucune occupation et aucun amoureux? S'ennuyer beaucoup : c'est ce qui arrive à Violette, qui, pour chasser cet ennui qui la gagne, va tous les jours se promener en voiture et tous les soirs au spectacle.

Après quelques semaines de cette existence, elle n'a plus d'argent; mais elle a les bijoux, présents de Sidi-Aboukir; elle y tient fort peu et s'empresse de les vendre. Elle est fort surprise de n'avoir qu'une faible somme de ces objets dont tout le mérite est dans la façon. Avec cette somme, elle passe encore quelques semaines, puis elle se trouve de nouveau sans argent; alors elle commence à envisager avec effroi sa position : il faut maintenant qu'elle s'en prenne pour vivre à ses effets, à ces belles robes qu'elle s'est achetées lorsqu'elle avait beaucoup d'or à sa disposition; mais, lorsqu'elle aura tout vendu, tout engagé, de quoi vivra-t-elle? Elle frémit et comprend qu'elle ne peut plus devoir son existence qu'à son travail; mais ce travail, il faut le trouver.

Violette commence par quitter un logement trop cher pour elle. C'est dans les mansardes, c'est dans une chambre qui n'est guère plus grande que le cabinet qu'elle occupait chez madame Repiqué, que la pauvre femme va se nicher; c'est de là qu'elle sort pour aller chercher de l'ouvrage.

Mais elle n'a plus de recommandations, et maintenant que sa figure fait au premier abord une impression désagréable, on reçoit assez mal la solliciteuse, car le monde est ainsi fait : il se laisse attendrir, il est accessible pour une figure gentille; mais il tourne vivement le dos à un visage désagréable; c'est injuste; mais c'est ainsi.

Violette ne trouvant rien d'aucun côté, se décide à retourner chez les marchandes de modes qui lui avaient promis de l'occupation, avant qu'elle allât à Saint-Mandé. Elle s'y rend de nouveau; mais, là, on ne veut pas la reconnaître, et lorsqu'elle dit qu'elle a été victime d'un accident qui l'a défigurée, on lui répond :

« Mademoiselle, nous en sommes bien fâchées; mais nous ne pouvons plus vous prendre dans notre magasin, votre figure déplairait trop à nos pratiques. »

Violette s'en revenait un jour tristement; elle sortait d'une boutique de lingère sans avoir pu obtenir de l'ouvrage, lorsque, au coin d'une rue, un jeune homme passe devant elle, mis avec élégance, marchant en sautillant et en fredonnant une chansonnette. Un seul coup d'œil lui a suffi pour le reconnaître, c'est Grisgris; elle court sur ses pas, le rejoint, et lui prend le bras, en lui disant :

— N'allez donc pas si vite, monsieur, j'ai à vous parler.

Grisgris s'arrête, se retourne, regarde cette dame mise maintenant fort modestement, qui lui tient le bras, et répond :

— Que voulez-vous, madame?... je ne vous connais pas!... Vous vous trompez assurément, vous me prenez pour un autre!...

— Non, monsieur, non, Grisgris, je ne me trompe pas... car je suis Violette, celle que vous avez si lâchement abandonnée!... Ah! ma figure n'est plus la même, je le sais; de terribles accidents ont changé mes traits... mais je n'en suis pas moins celle que vous aviez juré d'aimer toujours.

M. Grisgris considère quelques instants la pauvre fille, puis s'écrie :

— Il serait possible!... Vous seriez cette Violette si jolie!... Eh bien! ma chère amie, ceux qui ont voulu vous rendre à faire peur ont parfaitement gagné leur argent... Oh! là! là!... quelle frimousse!...

— Oui, monsieur, j'ai perdu ma beauté; mais enfin je suis toujours Violette... Si je suis malheureuse, est-ce donc une raison pour me repousser?...

— Ah! pardon! ma chère, mais je n'ai pas le temps de vous entendre... je suis pressé...

— Grisgris, de grâce, écoutez-moi!... Vous me semblez heureux maintenant, à en juger par votre élégance...

— Eh bien! après?...

— Moi, je suis dans la peine... je n'ai pu trouver d'ouvrage nulle part... j'aurai bientôt vendu mes dernières ressources...

— Ça ne me regarde pas..

— Mais ce qui vous regarde, monsieur, c'est que vous m'avez plus d'une fois emprunté de l'argent, que vous deviez me le rendre... et que j'en ai besoin aujourd'hui...

— Ah ! bien, elle est bonne, celle-là !... Apprenez, ma chère, que je n'ai jamais eu l'habitude de payer mes dettes, et je que ne commencerai pas par vous... Bonjour !...

En achevant ces mots, M. Grisgris reprend sa course et disparaît.

— Ah ! le misérable !... le lâche !... murmure Violette, en regardant fuir cet homme chez lequel elle espérait trouver au moins un peu de pitié. Et voilà celui par qui je me suis laissée séduire... celui que j'ai préféré à...

Elle n'achève pas; désespérée, elle rentre chez elle et, pendant quinze jours, n'en sort que pour se procurer les choses indispensables à la vie. Elle n'a plus le courage de se présenter nulle part pour demander du travail, et, cependant, il ne lui reste plus à vendre qu'un châle pour avoir encore quelque argent.

Les pensées les plus sombres et les plus sinistres viennent assaillir cette pauvre fille qui n'a pas une amie pour la soulager dans sa misère, pour la consoler, pour lui redonner du courage. Déjà plus d'une fois elle s'est dit :

— Puisque quand on est laide on ne peut plus trouver du travail, il me faudra donc bientôt mourir de faim!... Oh! non... je n'attendrai pas cette dernière souffrance!...

Le châle est vendu; Violette passe quelques semaines avec le produit de cette vente; elle a encore essayé, mais inutilement, de se faire admettre dans quelque magasin. Alors, quand il ne lui reste plus rien, elle se dit :

— C'est à présent qu'il faut en finir... puisque le bon Dieu n'a pas pitié de moi!... Ah! je sais bien que j'ai encore une ressource... cette montre que m'a donnée Giroflé... Je l'ai conservée... elle est là... sur ma poitrine... Mais quand je l'aurai vendue, ce sera toujours la même chose; il me faudra ensuite me trouver dans le même état; j'aime mieux en finir tout de suite... et, du moins, finir avec elle... ne pas m'en séparer... Pauvre garçon! s'il savait... mais il ne saura jamais que j'ai voulu mourir avec ce qui me venait de lui!

Violette attend le soir pour sortir de son galetas et se diriger du côté de la rivière. C'est vers le pont d'Austerlitz qu'elle dirige ses pas. On est à la fin de l'été; la journée a été belle; mais, sur le soir, une petite pluie d'orage a mis en fuite les promeneurs. La pauvre fille marche lentement; elle a dépassé le pont d'Austerlitz et suit les bords de l'eau, en s'avançant du côté de Bercy. Arrivée à un endroit où elle ne voit plus personne, elle va descendre jusqu'à la rivière, lorsqu'elle entend au loin le son d'un orgue. Elle s'arrête; cette musique lui arrive au cœur... Elle écoute, la musique se rapproche; alors elle peut distinguer le chant d'un piston qui joue avec l'orgue.

Violette tressaille, ses forces l'abandonnent; elle ne peut que murmurer.

— Oh! mon Dieu!

Et elle tombe évanouie sur le bord de l'eau.

XXII

LA PETITE MÔNTRE.

La musique approchait toujours ; mais, parvenue à cent pas environ de l'endroit où Violette était évanouie, elle cesse, et le dialogue suivant s'établit entre les deux musiciens :

— En voilà assez pour aujourd'hui : ce n'est plus la peine de jouer par ici, où il ne passe personne... D'ailleurs, il est temps de nous reposer, nous l'avons bien gagné... C'est loin, Bercy !

— Mon pauvre Benoît, c'est surtout loin, quand on porte un orgue avec soi ; mais tu ne veux jamais me donner ce gros instrument, cela te soulagerait.

— Tu ne dois pas porter l'orgue, puisque tu joues du piston... Enfin, la journée n'a pas été mauvaise... C'est égal... si tu voulais retourner au pays... nous y serions plus heureux... mais, puisque ce n'est pas ton idée !...

— Si, mon frère... si... nous y retournerons, car je sens bien que c'est une folie à moi de vouloir rester dans cette ville... où je ne la rencontre plus... parce que, sans doute, elle est toujours en voiture... ou dans un monde élégant !...

— Mon pauvre Giroflé ! à quoi cela te servirait-il de la rencontrer ?...

— Ah ! tu as raison... à rien... qu'à la voir !

Tout en causant, les deux frères marchaient toujours, et ils arrivent bientôt devant la place où Violette est toujours sans connaissance. En jetant les yeux du côté de la rivière, Giroflé dit :

— Tiens ! je vois quelque chose de blanc... là-bas, à terre !... On dirait que quelqu'un est couché là...

— Quelque ivrogne qui s'y est endormi, probablement !

— Mais si c'était quelqu'un qui ait besoin de secours ?...

— Ah ! tu as raison, mon ami; il faut aller nous en assurer.

Les deux frères se sont approchés.

— Mais c'est une femme ! dit Giroflé.

— Oui... une femme endormie là... quelque mauvaise fille prise de vin sans doute !... Il faut la réveiller...

— La réveiller !... mais elle ne dort pas, cette femme... elle est sans connaissance...

— Tu crois ?... En effet... Pauvre femme !... Portons-la sous le bec de gaz là-bas... nous pourrons mieux la secourir et voir si elle est blessée.

— Oh ! je la porterai bien seul, va !

Et Giroflé a déjà pris dans ses bras Violette qui est toujours évanouie. Il la dépose contre les maisons, sur un banc. A cet endroit éclairé par le gaz, il peut voir les traits de celle qu'il veut ranimer.

— C'est une jeune femme...

— Oui... qui a été brûlée au visage...

— Elle ne revient pas à elle !... C'est singulier... il me semble... Ah ! je voudrais bien qu'elle rouvrît les yeux !...

— Attends, je vais chercher dans ma poche ; je dois avoir un peu d'eau-de-vie dans ma gourde...

— Mon Dieu !... cette femme... Benoît, est-ce que tu ne trouves pas qu'elle a quelques traits de Violette ?

— Par exemple !... Celle-ci est laide... l'autre qui est si jolie !... Ah ! voilà ma gourde... Il faut lui frotter un peu les tempes avec l'eau-de-vie...

— Mon Dieu ! que je voudrais voir ses yeux !... Tiens ! elle a quelque chose pendu à son cou... C'est une montre... Ah ! Benoît ! regarde ! regarde ! Cette montre ! c'est celle que j'ai donnée à Violette !... Vois le cadran... voici le chiffre !...

— En effet !... Par quel hasard ?

— Mais cette femme... Quelque chose me dit qu'elle ne m'est pas inconnue !...

En ce moment Violette revient à elle ; en rouvrant les yeux, elle aperçoit ce jeune homme penché vers elle et la regardant avec anxiété ; alors sa bouche murmure :

— Giroflé !... Benoît !... Ah ! c'était bien vous que j'avais entendus !...

— Violette !... c'est Violette ! s'écrie Giroflé qui est comme un fou, et baise les mains de la jeune fille. C'est bien elle, Benoît ; vois-tu, mon cœur l'avait reconnue... même avant que je n'eusse aperçu sa montre... et pourtant je ne pouvais pas croire...

— Mais que vous est-il donc arrivé, mademoiselle? dit Benoît, et par quel hasard... quelle suite d'événements étiez-vous là... évanouie, tout près de la rivière?...

— La rivière?... J'allais y chercher la fin de mes peines... quand les sons de votre musique sont venus jusqu'à moi... Alors, mon émotion a été si forte... j'ai perdu connaissance.

— Elle voulait mourir !.. Serait-il possible !.. Quoi !... Violette, vous vouliez mourir !... Est-ce donc le chagrin d'avoir eu le visage brûlé qui vous avait fait prendre cette terrible résolution ?

— Oh ! pas cela seulement !... Mais je n'avais plus de ressources... Je ne trouvais plus de travail... je n'avais plus d'amis !...

— Plus d'amis ! Et nous, nous !... Violette, vous nous aviez donc oubliés ?

— Non, mais je me suis si mal conduite avec vous,

Giroflé, que je ne devais plus compter sur votre amitié !

— Si, mam'zelle... si... Vous ne deviez jamais douter de moi !

— Mais, dit Benoît, vous n'étiez pas entièrement sans ressource, puisque vous aviez encore votre montre?...

— Cette montre... il est vrai... Mais je n'ai pas voulu m'en séparer... C'était tout ce qui me restait de celui qui m'avait vraiment aimée... Je voulais mourir avec elle...

— Ah ! Benoît ! l'as-tu entendue ? Elle ne voulait pas se séparer de ce que je lui avais donné. Violette... chère Violette !... Vous pensiez donc un peu à moi?... Ah ! depuis que je suis à Paris, voilà le premier moment de bonheur que j'aie éprouvé !...

— Mes enfants, il ne faut pas rester là. Violette est bien pâle, elle doit avoir besoin de prendre quelque chose... Vous allez venir avec nous, dans le modeste hôtel où nous logeons, on vous aura une chambre, et tout ce qu'il vous faudra...

— Que vous êtes bons !... Vous voulez donc encore me faire du bien?

— Si nous le voulons ! Benoît, elle demande si nous voulons la secourir !... Comme si nous n'étions pas trop heureux de vous avoir retrouvée...

— Retrouvée !... Mais si différente de ce que j'étais !... Ah ! que j'ai bien fait de garder ma montre !... Sans elle vous ne m'auriez pas reconnue...

— Cela vous fait voir, Violette, que les bonnes pensées ont toujours leur récompense. Mais je vais courir chercher une voiture, vous ne pouvez pas marcher sans doute...

— Si... si... Je marcherai en m'appuyant sur votre bras, Giroflé.

Les deux frères emmènent la pauvre fille dans leur garni, lui font donner une chambre, font apporter un bon potage et une bouteille de vieux vin. Puis, lorsque Violette est restaurée, lorsque ses forces sont revenues, ils la regardent et n'osent l'interroger; mais leurs yeux lui disent combien ils seraient curieux de savoir quels événements ont amené son changement physique, et l'état misérable dans lequel ils l'ont trouvée.

Violette devine aisément ce qu'ils n'osent lui demander, et, les faisant asseoir près d'elle, leur dit:

« Maintenant écoutez-moi. »

Elle leur fait alors le récit exact de tout ce qui lui est arrivé, ne cache ni ses fautes ni ses malheurs; après l'avoir entendue, Giroflé veut courir chez la grosse Toinon pour la rosser. Mais Violette l'arrête, en lui disant :

— Non, mon ami, laissez cette femme... Elle et Marjoleine m'ont fait beaucoup de mal; mais cela ne serait point arrivé, si je ne les avais pas écoutées, et peut-être n'est-ce que la juste punition de mon ingratitude envers vous.

— Violette a raison, dit Benoît; car si elle a été

fautive, elle en a été bien punie. Et maintenant, mon enfant, êtes-vous toujours si désireuse d'habiter Paris?...

— Ah! bien loin de là!... Je l'aurais quitté depuis longtemps si j'avais su où aller... Si j'avais espéré trouver un asile quelque part!

— En ce cas, ma pauvre Violette, vous voudrez donc partir avec nous pour retourner à Saint-Jean-au-Bois? dit Giroflé, en pressant dans les siennes la main de la jeune fille.

— Si je le voudrai!... Ah! je serai trop heureuse de revoir mon village!

— Eh bien! alors, dès demain nous nous mettrons en route pour y retourner... Dès demain... tu le veux bien, n'est-ce pas, Benoît?

— Ah! tu sais bien que depuis longtemps c'était mon plus ardent désir!...

— Quel dommage que j'aie vendu la maison de ma tante! dit Violette en soupirant, nous aurions tout de suite trouvé à nous loger!..

— Ne vous chagrinez pas, dit Benoît. Je vous réponds d'un gîte, moi!

Le lendemain matin, les deux frères et Violette prenaient le chemin de fer de Compiègne, emportant l'orgue qu'ils ne voulaient plus vendre, parce qu'on lui devait d'avoir arrêté Violette, lorsqu'elle allait accomplir son funeste dessein. Pendant tout le voyage, Giroflé ne cesse pas de témoigner le plaisir qu'il éprouve d'avoir retrouvé Violette, et celle-ci, quand il la regarde avec amour, détourné parfois la tête, en murmurant :

— Ah ! vous ne pouvez plus m'aimer !.. Je suis trop vilaine à présent !...

— Que dites-vous là, Violette ! s'écrie Giroflé. Ah ! je vous trouve bien plus jolie, depuis que vous êtes laide !... Pardon !... mais je veux dire que maintenant vos yeux ont pour moi une expression si tendre... si différente d'autrefois !... Que m'importent les cicatrices qui sont sur votre visage... Votre voix est plus douce... Vous ne me repoussez plus !... Ah ! je vous trouve cent fois mieux ainsi !

Lorsqu'on descend du chemin de fer de Compiègne, Benoît y laisse son frère et Violette, en leur disant :

— Je vais en avant nous chercher un gîte ; vous autres faites la route tout doucement en vous promenant, vous me retrouverez à l'entrée du village.

Giroflé et Violette s'en viennent donc bras dessus bras dessous ; la pauvre fille respirant avec délices l'air des champs, son amoureux lui pressant tendrement le bras. Quand elle aperçoit son village, Violette s'arrête tout émue, en murmurant :

— Ah ! quel plaisir j'éprouve à le revoir !... Et dire que je me croyais si heureuse de le quitter !... Mon Dieu ! qu'il a fallu peu de temps pour changer ma façon de penser !.. Car il y a à peine un an que je suis partie pour Paris !...

— Ah ! dit Giroflé, cette année-là m'a semblé bien longue, à moi !

En approchant du village, on aperçoit Benoît, qui attendait les voyageurs, et leur dit :

— Suivez-moi !

— Tu nous as trouvé un gîte, mon frère ?

— Oui, oui.

— Pour nous trois ?

— Sans doute ; car j'espère bien que nous ne nous séparerons plus !

On suit Benoît, qui mène Violette et son frère dans la maison de la mère Moutin, dont lui-même ouvre la porte.

— Mais c'est la maison de ma tante ! s'écrie Violette.

— Oui, mon enfant, mais elle est toujours la vôtre ; car c'est moi qui l'avais achetée, ou plutôt vous en aviez donné le prix : vous voyez que c'est comme si vous ne l'aviez pas vendue...

— Ah ! Benoît, que vous êtes bon !... Mais ce bruit que j'entends dans l'étable...

— C'est Zozo, votre bonne vache, que vous aviez vendue à Thomas, et que je viens de lui racheter ; c'est pour cela que j'avais pris les devants.

Violette pleure en tendant sa main à Benoît ; quant à Giroflé, il saute au cou de son frère et l'étouffe presque à force de l'embrasser.

Quelques jours après, Giroflé dit à Violette :

— Quand nous marions-nous ?

Et celle-ci lui répond, en baissant les yeux :

— Est-ce que vous voulez bien encore de moi

pour votre femme..... après ma conduite passée?.....

— Oh! oui, Violette; car vos fautes passées me garantissent votre fidélité pour l'avenir.

« Ce n'est pas toujours une raison ! se dit en lui-même Benoît ; mais, cette fois, il y en a une plus péremptoire... c'est qu'elle a cessé d'être jolie. »

Au bout de quelques jours, Violette devenait, enfin, la femme de Giroflé. Le bon air, le repos, une vie tranquille et heureuse lui rendirent sa fraîcheur, et firent disparaître une partie des traces de sa brûlure.

Bientôt une petite fille vint ajouter au bonheur du jeune ménage, et quand on disait à Violette :

— Elle sera très-jolie, votre fille ! elle ne manquait pas de répondre :

— Souhaitez-lui plutôt d'être bonne ; cela vaut mieux, et cela dure toujours!

FIN.

TABLE

		Pages.
I.	— Le village de Saint-Jean-aux-Bois	1
II.	— Le piston	11
III.	— Un orgue de Barbarie	24
IV.	— Les bonnes amies de Paris	33
V.	— La maison Repiqué	55
VI.	— Violette à Paris	69
VII.	— La fille mannequin	79
VIII.	— Les deux frères	94
IX.	— Une aiguille dans une botte de foin	103
X.	— Espiègleries de M. Repiqué	122
XI.	— Le billet de mille francs	131
XII.	— Le bal	144
XIII.	— Un orchestre en désarroi	157
XIV.	— Un pierrot imprudent	170

	Pages.
XV. — La dame aux trois corsets...	181
XVI. — Madame Trafalgar...	197
XVII. — M. Bichetout...	207
XVIII. — Le chat protecteur...	219
XIX. — Madame de Boucherose...	226
XX. — Sidi-Aboukir...	237
XXI. — Adversité...	253
XXII. — La petite montre...	263

FIN DE LA TABLE.

Paris. — Imp. Vᵛᵉ P. LAROUSSE et Cⁱᵉ, rue Montparnasse, 19.

Jules ROUFF et Cie, Éditeurs
14, Cloître Saint-Honoré, à Paris

PUBLICATIONS ILLUSTRÉES

SOUSCRIPTION PERMANENTE :
10 CENTIMES LA LIVRAISON (8 pages).
50 CENTIMES LA SÉRIE (5 livraisons).

ODYSSE BAROT
Le Procureur impérial.

ADOLPHE BITARD
Les Arts et Métiers.

ALEXIS BOUVIER
La Femme du Mort.
La Grande Iza.
Le Mouchard.
Les Créanciers de l'échafaud.
La Belle Grêlée.
Mademoiselle Olympe.
Mademoiselle Beau-Sourire.
Iza Lolotte et Cie.
Le Fils d'Antony.
Bayonnette.
La Rousse.

JEAN BRUNO
M'sieu Gugusse.

TONY RÉVILLON
Le Faubourg Saint-Antoine.
Le Drapeau noir.

ALEXIS CLERC
Physique et chimie populaires.
Hygiène et médecine des deux sexes.

XAVIER DE MONTÉPIN
L'Homme aux figures de cire.

Jules ROUFF et Cie, Éditeurs
14, Cloître Saint-Honoré, à Paris

PUBLICATIONS ILLUSTRÉES

SOUSCRIPTION PERMANENTE :
10 CENTIMES LA LIVRAISON (8 pages).
50 CENTIMES LA SÉRIE (5 livraisons).

CONSTANT GUÉROULT
L'Affaire de la rue du Temple.
La Bande à Fifi Vollard.

PAUL DE KOCK
Œuvres choisies.

TOUCHARD-LAFOSSE
Chroniques de l'Œil-de-Bœuf.

JULES MARY
Les damnés de Paris.

EMMANUEL GONZALÈS
Ésaü le Lépreux.

ÉMILE RICHEBOURG
Jean Loup.

PONSON DU TERRAIL
Les Drames de Paris. Rocambole.

PAUL SAUNIÈRE
Monseigneur.
Le Secret d'or.
La Petite marquise.

EUGÈNE SUE
Le Juif Errant.

Mémoires de M. Claude.

Paris. — Imprimerie Vᵉ P. Larousse et Cⁱᵉ, rue Montparnasse, 19.

www.ingramcontent.com/pod-product-compliance
Lightning Source LLC
Chambersburg PA
CBHW050647170426
43200CB00008B/1189